モヤモヤの正体

迷惑とワガママの呪いを解く

尹雄大
Yoon Woong-Dae

ミシマ社

はじめに

朝の起き抜けや電車が来るまでの手持ち無沙汰《ぶさた》な時間になんとなくSNSをチェックする。自分とは関わり合いのない国内外のニュースや直接は知らない他人の言動を目にした途端、眉をひそめてしまい、「ありえない」という思いがにわかに湧き上がる。感情が昂《たかぶ》って「こんなことって許せますか?」と殴り書きのように投稿してしまう。でも数時間後には誰かの行いに共感し、「とても感動した」と呟《つぶや》いたりもする。

かと思えば誰かの「許せない」と憤《いきどお》る態度を「そんなふうに感じるなんて間違っている」と冷ややかに見下し、また他人の感動話に興醒《ざ》めして「安っぽいな」と感じてしまう。感情が玉突きを起こしているみたいだ。どれが本当に自分が感じ、思っていることなのかわからなくなる。

わからないままだと居心地が悪いから、自分の考えを後押ししてくれそうな有名人や密《ひそ》かにメンターと思っているアカウントをひと回りする。「そうそう、そういうことを言いたかったんだよね」と自分の思いをすくい上げてくれるような、はっきりと言い切る言葉に出会うとスカッとする。

だけど、その気持ち良さは束《つか》の間《ま》しか続かないと知ってもいる。胸のすくような思いをするために誰かの断言を漁《あさ》るのは依存症にも似ているなと思うし、より極端であるほうが正しいようにも感じられてしまうから厄介だ。そんな自分を面倒に感じるけれど、結局はそういう感覚も繰り返されるお決まりのことだと半《なか》ば諦めている。

知ってしまったことが多くて身動きが取れない。知りたいかどうかもわからないけれど、知ることはやめられない。いろんなことを知る程に感情や感覚は刺激され、どうして苛立《いらだ》っているのかわからなくなる。モヤモヤする気持ちは去らない。

嫌というほどわかっているのは、ささくれだった自分の気持ちがそんなルーティンでなだめられるわけではないこと。誰かの意見に共感を示したところで自分を取り巻く現状が変わるわけでもないし、心の中は晴れ渡りはしない。私の冴《さ》えない日常は変わらない。不快指数を高めるような人がいなくなれば、嫌な思いをしなくて済むのに。こんな考え方のパターンが正しいと感じてしまう。だって私は悪くないのだから。そうさせる原因がきっとある。それは私の外にいるし、その人たちが私をひどく苛立たせる。

けれども、ときどき想像してみる。その人たちも私と同じように感じるだろうということを。あいつが私を苛立たせる。あの人たちと私のリアクションが入れ替え可能だとしたら、いったい私が感じていることはなんだろうと不思議に思えてくる。

こういう心象は多くの人にとって馴染《なじ》み深いのではないでしょうか。気持ちが晴れやかにならないのが当たり前になっていることにストレスを感じている人も多いでしょう。

ひょっとしたら相手が私をスッキリしない心持ちにさせているのではなく、その割り切れない感情は相手に自身を投影しているせいかもしれません。だからと言って「自分の考え方がそうさせているだけ。価値観を変えさえすれば爽快な心になれるはず」といった、気持ち次第でどうとでもなるというのもにわかには信じ難いでしょう。だいたいスッキリかクサクサした気分かの両極しかないのはおかしな話です。

私はこれまで学術界の研究者やアスリート、政治家、芸能人、亡命者、アウトローといった人たちに取材し、記事を書いてきました。来歴も出自も異にする人を前にして、いかに予見を挟まず話を聞くかが常に問われてきました。また近頃はインタビューセッションと称し、一般の人たちの話を聞いています。

とりわけ市井の人の声を聞くうちに感じるようになったことがあります。それは胸の奥底に秘めた滞《とどこお》った感覚やもつれた感情は、その人だけの体験に基づいてはいても、なにがしかいまの世相を映しているということです。生きる上で殺伐とした気持ちになり、現状を受け入れ難いと思う感性は本来の自分がもたらしたというよりも、意外と社会に合わせて作り上げられたのかもしれません。

そこで本書では、多くの人がわだかまりを感じている出来事をそのまま受け止めて、「なんだかなぁ」と違和感を共有するにとどまらず、その手前までさかのぼり、起きていることを「ただ起きている出来事」として捉え、その上で何が私とあなたの間にモヤモヤを生じさせてしまうのか。そういうふうに考えてみることにしました。善い悪いを決めるためでも問題を解決するのでもなく、問題を作り出しているのは何か。モヤモヤの正体に迫っていきたいと思います。

もくじ

迷惑とワガママの呪いを解く
モヤモヤの正体

2 コミュニケーションをめぐるモヤモヤ

3 仕事をめぐるモヤモヤ

6 笑いをめぐるモヤモヤ

7 社会をめぐるモヤモヤ

8 他者の視線をめぐるモヤモヤ

1

子育てをめぐるモヤモヤ

少子化が問題だ、とは言うけれど

都市の大きな駅でよく見かける光景があります。混雑する構内を迂回《うかい》するには時間の猶予《ゆうよ》もないのか、母親がベビーカーを抱えて階段を上り下りしようとするのです。そういう場合、私はなるべく「手伝いましょうか」と声をかけるようにしています。自分ではこの行為を徳を積むためのポイント制と設定していて、「今生か来世でいいことあるといいな」ぐらいの偽善的な気持ちで行っています。

声をかけると彼女たちの多くは警戒と恐縮の入り混じった面持《おもも》ちでこう言います。「すいません」「ごめんなさい」。別に「ありがとう」と言って欲しいわけではないのです。でも、彼女たちの申し訳ないといった表情と緊張した声音が気になります。

私の顔が厳《いか》ついせいだけではなさそうです。というのも電車の中でベビーカーを蹴られたとか妊婦が優先席に座っていると罵声《ばせい》を浴びせられたとか、信じられないけれどそういう事実があるのです。自分たちが世間からどう見られているのか。その空気を敏感に感じての彼女たちの反応なのだと思います。

子育ての環境を充実させよう！　という声はあちらこちらで聞こえます。それなら

みんなで大切に育てようという風潮になるかと思いきや、案外そうでもありません。
「保育園が足りない」とか「出生率の低下は経済力の衰退につながる大問題だ」と数値を心配はしても、目の前の子供を優しく見守る、できることがあれば手伝うという具体的な行為についてはあくまで冷ややか。この落差にモヤッとする人も多いでしょう。

子供のいない私にしても「どうしてそんな態度をとるんだろうな」と日々苛立ちを感じる機会も多いです。そうしたモヤモヤの端的な現れを、ここ数年話題となっている「ベビーカー問題」に見ます。

満員電車のベビーカー

「ベビーカー問題」とは電車やバスにベビーカーを畳《たた》まずに乗り入れ、それが他の乗客の妨《さまた》げになっているということで話題となった出来事です。遠慮を知らない親の身勝手な振る舞いだと批判されてもいます。

ＳＮＳをはじめネットで話題になっている様子を見ると、乗り入れるケースが満員電車であったり、満員ではないものの通路を塞《ふさ》ぐ形になっていることに怒っている人がいたりと、一口に「ベビーカー問題」といっても様々なバリエーションがあります。

いちばん論議を呼んだのは、満員電車にベビーカーを乗り入れた場合です。「通勤時間に利用するのは非常識」「ベビーカーを畳んで抱っこすればいいものをそうしないのは甘えだ」「昔の親は我慢強かった」といった容赦のない意見も多々見受けられました。

親もくつろいだ気持ちで子育てできる環境を整えたほうがいいのは明らかなのにそうはならない。困っている人がいるにもかかわらず、その困りごとを解決するよりも非難し、我慢させようとする。そういう発想をする人と子育てをする親との間で意見の対立が生じています。なぜそんなことになってしまっているのか。つぶさに見ていきたいと思います。

都内の朝のラッシュ時に電車に乗った経験がある人はわかると思いますが、空間に余裕はありません。そこにきてさらにベビーカー分のスペースを空けなければならない身になると、つい反射的にイラッとしたり、うんざりした表情をあらわにしてしまうかもしれません。そのためベビーカーの乗り入れは「ありかなしか」でいうと「なし」という意見が多数を占めています。

少し前の記事ですが、論調はいまもあまり変わっていないと思うので取り上げますと、「マイナビウーマン」二〇一五年十一月一日付の記事「んもう邪魔！　街中でベビーカーにイラッとした瞬間13」にはこういう声が紹介されていました。

「満員電車にベビーカーで乗ってきてる人がいて、周りへの配慮がないなと思った」（27歳／アパレル・繊維／秘書・アシスタント職）

「わざわざこんでる時間帯の電車に広げて乗ってくること、1時間ずらせないのかと思う」（29歳／印刷・紙パルプ／クリエイティブ職）

このような声に対して「まったくその通りだ」と思う人もいれば、「弱い立場への想像力がないなんて！」と感じる人もいるでしょう。それぞれの言い分の背景を想像してみます。たとえばこんな感じでしょうか。

遅くまで働いて朝早く出かける毎日が当たり前になっているから身体は疲れ

ているんだけどよく眠れない。休日はずっと寝ても頭の芯の疲れがとれない。こんな状態だっていうのに身動きとれない場所に押し込められて、おまけにグイグイ押されたりしたら本当にむかつく。ベビーカーとか、親は何考えてんだろ。子供に罪はないけどさ、どちらかと言ったらこっちのが気遣われたい。まじで勘弁して欲しい。

一方で子育てをしている人や育児に理解のある立場からすれば、ベビーカーを排除する発言に想像力のなさと自己中心の考えを見て取り、憤りを覚えるでしょう。ベビーカーを畳めば子供だけでなくオムツや水筒、おもちゃといった必要不可欠なものも手で全部持たないといけなくなる。そんなことでは体力がもたないから、ベビーカーで乗り込まざるをえないのに「甘えている」「場所をわきまえろ」と言われる。「自分だって昔は子供だったくせに。まるで理解がない。なんて冷たいんだろう」「少子化が問題だと言っているのに全然子供に優しくない。こんな世の中は間違っている」と子育ての大変さに理解がないことに悲しんだり怒りを覚えても当然です。

感覚を閉ざさないとやっていけない

どちらがおかしいとか悪いとかいう前に、ひとつはっきりしていることがあります。それは普段はどんなにいい人でもぎゅうぎゅう詰めの物理的に余裕のない空間に長時間いたら、他人に関心を払うことが難しくなるし、あまり寛容な気持ちにはなれないということです。自分の感覚をシャットダウンしておかないと、到底やりきれない。そんな場で他人に共感していたら身がもちません。環境がその人の本来の気質を違ったものに変えてしまうのです。

「子育てにもっと寛容になれ」「弱者の立場を想像するべきだ」。感覚を閉じている人に正論を言ったとしても、あまり響かないでしょう。冷淡に見える態度をとっている人だって、寛容さや想像力が必要だということに薄々気づいています。だから、わざわざ他人に指摘されたくはありません。嫌な自分を認めるくらいなら、「そんな時間帯に乗るのが悪い！」と言い切ったほうがいい。それなら自分を責めなくてもいいのですから。だからと言って、少しも罪悪感がないわけではないでしょう。幸い客観性や常識を持ち出せば、そうした後ろめたい感情を追い払えるし、「私は何も悪くない」

と正当化することはいくらでもできます。

とはいえ、誰だって自分のことを「ちょっとは良いところがある」と思っているし、できれば良い人でありたいと願っているはずです。実際の行動で表さなくても、「良くはありたい」という切ない気持ちを根っこのところで持って生きているのだと思います。

良くはありたいけれど、そうできないことを責められたくない。そんな揺れる気持ちを抱えていると、日々起きるいろんな事件、こじれた問題をすっぱりと切ってみせる人に頼もしさを感じることはありませんか。そうなると「自分は正しい。相手は間違っている」と言い切ってしまうことに魅力を覚えます。

波風たたない「客観的」な立場

でも、実際にやってみると居心地の悪さを少なからず感じてしまいます。そういう感覚がなぜ訪れるのか。きっと誰しも弱いし、ときに小狡《こずる》いことだってしてしまう、大したことのできない自分の存在を知っているからだと思います。だからでしょうか。

先述した「マイナビウーマン」の記事を書いた人はこのようにまとめています。

「ベビーカーを使うことが悪いというわけではありませんが、周囲に配慮した使い方を考えるだけでまわりの目は変わってきます。少子化が叫ばれる中、子供を大切にしていかなければいけないのは事実ですが、社会のマナーを教えるのもまた親の役目です。自分がママになったときも、ベビーカーを印籠《いんろう》にして周囲に迷惑をかけることのないよう気を付けたいものですね」

書き手はベビーカーを車内に乗り入れる親と通勤する人たちのどちらにも目配りをした、できるだけ本人なりの「客観的」な立場で過度に誰かを責めないでおこうとしています。ただし、この場合の「客観的」とは定見がないということであり、また公正であろうとするのではなく、現状の社会に受け入れられやすい考えを採用しています。人それぞれの抱える事情や弱さへの配慮がそうさせるのでしょう。

通勤ラッシュを解消しようとしたら、それこそ働き方や経済活動といった、気の持ちようや他人に優しく接することでは解決できない複数の事情を相手にしないといけなくなります。そういう大きな問題を前にすると、結局のところ従来通りの「周囲に配慮しましょう」という穏当《おんとう》なルールに則《のっと》るという提案しかできなくなります。

それはふらふらと腰の定まらない様子に見えるかもしれません。けれども、こうも世の中が複雑になると「こうすればいい」と断言しさえすれば万事うまくいくことはほとんど期待できません。記事はそのことをよく表していると言えます。

当事者として関わりながら、そっとしておく

わだかまりが消えるわけでもなく、現状が改まるわけでもない。双方の考え方の開きがそのままであれば、モヤモヤは募るばかりです。どうすればいいのでしょうか？

これからそのことについて書き進めていくわけですが、その前に読者のみなさんの頭の隅《すみ》に置いてもらいたいことがあります。大切なのは、この文章に見られるような意見に対して善し悪しをつけたり解決策を示すのでもなければ、現状に対して「仕方ない」と追認するのでも拒絶するのでもない道を選ぶということです。主観に開き直るのでもなく、客観に逃げるのでもない。ヒートアップすることなく、第三者の立場で

はあっても決して傍観するわけではない。しかも、いつでも当事者として関わる態勢は整えておきたいのです。複雑な世の中であるからこそ**白黒つけられないところに留まる足腰の強さ**はあったほうがいいでしょう。

「満員電車に乗り込んでくるなんて非常識だろ！」という考えの人がいて、あなたが「なるほど。その通りだ」と同意と共感を示せば、態度は明確になるでしょう。けれども、それでは議論にならざるをえない実情を無視することになります。それはこの社会を生きていく上での責任を果たすということからしたら、ちょっと足りないと私は思います。

だからと言って「その感じ方は間違いだ」と言ったとしても、それ以上の展開を望めないのは本人が「そう感じている」ことそのものを否定しようがないからです。人それぞれ感じ方が違うのは仕方ありません。そこで「**みんな違ってみんないい**」と言えば確かにそうかもしれません。でも、そう言ってしまった途端、あまりに取ってつけたような薄寒い感じが残りはしないでしょうか。それこそ心中がモヤモヤします。

素晴らしい解決策が考えられて、それを実施すればいつも全員が腑に落ちるような結果がもたらされる。そうなったら理想的ですが、そうそう現実は都合よくはいきません。けれども、できる限り多くの人が快適でいられるような持っていき方はないものでしょうか。得心《とくしん》していなくても最終的には「まあ、すべてに納得しているわけではないけれど、どちらがハッピーでいられるかと言ったら自分の考えよりはそちらの案かな」というくらいの落ち着き方ができたらなと思います。頭はまだ追いついていないけれど、感覚的に「そっちのほうがいいんじゃないかな？」と感じさせてしまうような道筋はないものでしょうか。

解決に必要な道理を諄々《くどくど》と説かれても長年にわたる思考のパターンは頑強なので見解を急に改めることは難しいものです。でも感覚的な把握は問答無用です。美味しいものを食べれば「美味しい」と感じるように、「なるほど。そうか！」という目の覚めるような思いをもたらします。人から言われるよりも自身で考えを転換する機会が訪れたほうが気分がずっといいはずです。そうして変わることができるとしたら、自分の可能性を信じられることにもつながると思います。その体験のためには何が必要でしょうか。私は感性がキーワードになると思います。

感性の裏には個人の常識がある

「満員電車に乗り込んでくるな」といった、子供を排除するような感性のあり方に「そうだ」と賛意を示す人がいれば、たとえ態度が排他的であってもそれなりの根拠があると思えてしまいます。一方で、その偏狭ぶりを事実をもとに指摘していくことは可能です。それに世の中には説得だったり論破《ろんぱ》のための有効な方法がいくつも示されているので、批判の手立てには事欠きません。ただ、私がここで注目したいのは、弱い立場を思いやれない「正当性」にどうしても感じてしまう狭さや頑《かたく》なさです。正しさを主張する割には堂々としていないし、広がりもない。

先ほど「本人が『そう感じている』ことそのものを否定しようがない」と述べました。「理屈じゃないんだ。嫌なものは嫌なんだ」という開き直りに出会うと、「だったらしようがない」と思うし、それ以上はコミュニケーションの進展を見込めない行き止まりを感じてしまいます。この時点で相手の理解力の低さと不寛容さを一笑《いっしょう》に付《ふ》しても全然問題はありません。どんな考え方をしようともその人の自由です。世の中には自分と相容《あいい》れない考えや人がいるのは事実です。

だけど「なるべくハッピーでいたいよね」という、絵空事《えそらごと》に思われがちな心持ちをすぐに見放さず、そこに少し寄り添うと、こういう問いが生まれてこないでしょうか。「あの人がそんなふうに感じているのはなぜだろう?」「何がその感性をもたらしたんだろう」。狭量な理屈をもたらす感性があり、そしてまたそれを支える経験やコンセプトが控《ひか》えているはずです。その姿形がわかれば私たちがモヤッとしてしまう訳も少しは明らかになるのではないでしょうか。

感性のあり方で言えば、何事につけ否定的に受け取り、そこから考えを始めてしまう人がいます。それこそ電車にベビーカーを乗り入れることについて「それはおかしい。間違っている」から説き起こし「結局は自分の都合でしょ?」といったような、起きている事実に応えることなく、自分の培《つちか》ってきた感覚と常識で相手の言っていることをまとめてしまう。そういう人との会話では否定するための論があらかじめ待ち構えているので、こちらの言い分を聞かれている気がまったくしないはずです。新しい考えにも行きつかない。

異なる考えと接すると必ずといっていいほど否定に終始するといった、毎度お決まりのコースを辿《たど》るのであれば、深い考えあってのことではなく、習慣がもたらしただけのことかもしれません。「相手の言う気を削《そ》ぐから、そういうのやめたほうがいいよ」と他人から指摘されたところで、長年かけて育てた考えなので、なかなか直せません。また「習慣を改める」というゴールを定めて努力しても、かえって意識してしまい、ぎこちなくなるだけです。

自動的にタグ付けするように、いつも決まり切った言い方に収まってしまうのだとしたら、それを促《うなが》しているひとつの要因は常識だと思います。この時代を生きる多数が「常識だ」と思っているものに依拠しているから即座に「それはおかしい。間違っている」などと疑いなしに言えるのではないでしょうか。しかしながら肝心の常識は時代とともに変化していきます。

たとえば、いまどき電車の中でタバコを吸う人はいません。もし、そういう人がいたら公衆道徳はおろか、法に反した行為です。けれども、私が子供の頃は列車の座席には灰皿がついており、喫煙は普通のことでした。飛行機の中でも吸い放題で煙でもくもくしていました。

あるいは、いままでは電車はおろか街中といった公共の場で赤ちゃんに胸をはだけて母乳を与えるのは、マナー違反とされています。カフェの隣でそんな人がいたら眉をひそめられるかもしれません。また乳を与えるお母さんにしても授乳用のケープなしではきっと恥ずかしいと感じてしまうでしょう。

これも四十年ほど前なら、女性が人前で胸をさらして乳を与える光景は都会でも田舎でも普通に見られました。誰もそれをおかしいと言ったり、非難もしませんでした。

余談ながら先日、北海道へ行った際、駅のホームで中国人観光客の若い母親が胸をはだけて赤ちゃんに乳を与えており、何ら含羞《がんしゅう》を覚えていない様子でした。どうにも懐かしい思いをしましたが、いずれ中国でも公衆に身体をさらすことをタブー視するかもしれません。つまり**「おかしい」とか「間違っている」と判断する常識の基準は、「いまの社会で優先されるべき価値」に従って移ろっていきます。**

そうなるとベビーカーに対する批判的な見方の背景にあるのは、「出勤で利用する人が多い以上、その目的が優先されなくてはならない」という考えであり、それを当然とみなす感性ではないでしょうか。

子育てより労働に価値がある?

なぜ優先されなくてはならないかと言えば、会社へ行って働くことは、その他の事情よりも大事だからです。「働かざる者食うべからず」や「自己責任」という言葉が浸透していることからわかる通り、この社会においては労働し、情報や製品を生み出し、サービスを提供することでお金を稼ぐ、それが何より意義のあることだとされています。ひょっとしたら労働は子育てよりも価値の高いことだと、知らず考えているのかもしれません。意識するかしないかはともかく、生産性や経済的かどうかでものごとを捉えているからこそベビーカーで乗り込むことが問題として取り上げられ、非難されるような扱いになっていると言えます。

「いや、そうじゃない。通勤ラッシュの時間帯だから問題だと言っているだけで、満員電車でなければ別にベビーカーで乗り込んでも構わない」といった意見もSNSでちらほら見ました。冷静でまともな見解に聞こえます。

でも、本当にそうでしょうか。なぜ「乗り込んでも構わない」と許可を下す立場に自分がいられると思えるのでしょう? それは労働と生産のほうが上位にあるからだと信じているからではないでしょうか。それが悪いと指摘したいのではありません。一見すると**「冷静でまとも」な考えが立脚しているところを問うてみると、私たちが信じている価値や感性のありかがわかってくる**のではないか、と言いたいのです。

ベビーカーが電車内で占める空間はどれくらいでしょう。大人にしてだいたい三人分くらいだと思います。けっこうな幅を取ると思う一方で、発車間際のベルに急《せ》かされて車内に三人くらいが強引に乗り込んで来るなどということは、ラッシュ時の通勤列車の風景としてごく当たり前に見られます。

それに対して内心「汗ばんだ肌がくっついて嫌だな」とか「そんなにぎゅうぎゅう押さないでよ」と圧迫感に不快な思いはしても、乗り込んだ人に対して明らかな非難はしません。多少不快で強引な振る舞いでも許されるのは、その行為の目的が通勤といった、公的に価値のある「労働と生産」にあるからです。

迷惑とワガママが社会の原則

社会が「当然」とみなす行為はさほど問題になりません。そこからはみ出した場合に批判が起こります。そうなると子育てはあくまで私的な行為であり、「労働と生産」に役立たないからベビーカー問題が取り沙汰《ざた》されているのかもしれません。しかし、非難の声に耳を傾けると次第にわかるのは、当然視されているのは、労働と生産だけでは決してないことです。再び「マイナビウーマン」の記事を思い返してください。結びの言葉はこういうものでした。

「周囲に迷惑をかけることのないよう気を付けたいものですね」

当たり障りない言葉で締められているだけに、現状の社会を考える上でとても示唆的です。日々の暮らしを振り返ればわかるでしょう。私たちは「他人がどう思うか」への気遣いもなくものごとを行うことを重大なルール違反、非常識な振る舞いとして取り上げ、糾弾《きゅうだん》することが多いはずです。

そう、この社会では**人に迷惑をかけるかどうかがゆるがせにできない重大な掟**《おきて》となっています。迷惑をかけて平然としていられるとしたら、その人はワガママだからです。それは決して許されるべきことではない。こうした捉え方が社会の原則となっています。記事はその実態に忠実でした。

原則というのは常識に基づいているので、誰もわざわざ問題にしません。いわば常識は数式です。そこに値を代入したら「迷惑」「ワガママ」と自動的に弾き出されるようなものなので、答えに目はいっても計算の過程にはなかなか関心が払われません。

深くものごとを感じたり考えたりしなくとも、自動的に自他の振る舞いについてラベリングされるのは、「社会的に許されるかどうか」を計算するアルゴリズムめいた固定観念が私たちに内蔵されているからです。そのため常識に則って算出された結果、ベビーカーの乗り入れは、迷惑でワガママだと非難に値することに自然となってしまうのでしょう。

なぜ「自然となってしまう」かと言うと、文化という癖が私たちの考え方や行動のあり方に大いに影響を与えているからです。それは「みんな」との調和を重んじるといった、個人よりもシステムを優先し、協調性を大事にする考え方と言い換えられます。この社会では、迷惑やワガママであるかどうかが特筆されるべきことなのです。

それにしても「文化が癖でしかない」と言ったところで、なかなか実感が持てないかもしれません。たとえば食事の際、箸でご飯を食べ、人と話すにあたって日本語を話すことは当たり前すぎるので、これが癖とは到底思えないでしょう。

しかし、ナイフとフォークを使ったり、手づかみで食べる習慣を持つ人と接すれば、箸で食べるのもまた風習でしかないことがわかります。外国人と話せば、母語はたまたま限定された環境で生まれ育ったから身に付いたのだということがわかります。癖は食事の作法や言語に限らず、ものの考えや生活観、身体観という意識できないところにも及んでいます。それが私たちの考え方の幅や振る舞いを決めていたりすることに気づくのは自分とは異なる癖、つまりは異質な文化と触れ合ったときです。

日本とフランスの文化の癖

以前、私はフランス人に長期にわたりインタビューをしたことがあります。彼は折に触れて「イエスと言うのは他人への従属を意味する。ノーと言うこと、『私はそうではない』と言うことから人間の自由は始まるのだ」と話していました。もちろん彼の捉え方がフランスを代表するものではありませんが、「フランスでは……」と彼自身が発言していたことを踏まえると、ある種の典型的な考え方なのかもしれません。

こうした見解にフランスと日本の文化の大きな違いを感じるでしょう。

特に印象に残ったのは、彼は社会を枠組みの決まったものでも、何が何でも従うべきものでもなく、あくまで動的なものとして捉えていたことです。いつだって私たちの力で変えることができる。だから、現状に対して「ノー」と言うことは、個人が社会を動かしていく上での原動力となるのです。迷惑であるか、ワガママであるかを最も考慮しなくてはならないという発想が彼に見当たりませんでした。

日本はノーよりもイエスを良しとします。しかも往々にして曖昧《あいまい》な形でそっと表します。それが日本の文化の特徴だと頭では理解しつつも、彼は日本滞在中に経験したイエスともノーともはっきりしない、成り行きの見えない会話の色合いに、しばしば納得しかねる表情を浮かべていました。

一方、私はと言えば面前《めんぜん》ではっきりと「ノー」を告げる彼の態度に「気まずさを覚えないのだろうか?」とか「生じた軋轢《あつれき》をそのたびに解決することにストレスを感じないのだろうか?」と思ってしまうのでした。やはり自分に備わる文化という癖からすれば、フランス人の振る舞いは過剰に見え、向こうからはこちらの態度が不可解に見えるのです。

異議を唱えるのは個性の証《あかし》だし、意見の違いがあって当たり前だ。それこそが多様性を保証する。そういう考え方を常識とするフランスと比べると、この島では空気を読んだり、みんなとの同調性を重んじる文化がとても強いと言えます。そのことが良いように作用することもあれば、同調圧力として「出る杭《くい》は打たれる」というような、あまり愉快ではない状況を生み出す原因になりもします。

たとえば「こういうことが問題だ」と提示したとき、その問題に着目し、「じゃあどうすればいいだろうか」と考えを出し合うのではなく、「ことさら問題にするおまえがおかしい」「生意気だ」と怒られたり、「調和を乱そうとするな」と異なる意見を口にすることそのものを咎《とが》められる。家庭や学校、職場で自身の考えを尊重されることも、耳を傾けられることもなく、端から拒絶されてしまった体験を誰しも持っているのではないでしょうか。それくらいこの社会における同調性は強いと言えます。

だからと言って「同調性の強さがモヤモヤの原因だ。安易に他人に合わせなければいいんだ」と言えば済む話でしょうか。意図せずに生まれてしまうのが同調性ならば、なおのことそれがどこから来ているのかが明らかにならないと、自分の置かれた状況も身の振り方もわからないままです。

「周りへの配慮がない」に潜んでいるもの

満員電車へのベビーカーの乗り入れに対して、**「周りへの配慮がない」**といった意見があることを先だって紹介しました。配慮がないとは、迷惑だし、ワガママなことだと言っているに等しいでしょう。この言い回しはなかなか使い勝手がいいものです。ベビーカー問題に限らず、ちまたの炎上騒ぎで、誰かをたしなめたり批判する場合に、よくこの手の文言を目にします。

それだけにモヤッとする言葉でもあります。というのは、どういう出来事であれ、ともかくこの言葉を用いれば、何か言っているような気になるし、それなりの正当性があるように思えてしまいます。そういう不思議な力があります。ありふれた表現でありながら実に守備範囲が広く、融通が利く言い方です。だからこそ、この言葉は私たちが生きる上で重圧に感じながらも、自分の内側では他人をジャッジする基準に用いている「迷惑とワガママ」の価値観の姿を知る上で手がかりになりそうです。

というのも、「周りへの配慮がない」という文句を額面通り受け取るのではなく、「この文言を使うことで、その人は何を言おうとしているのか？」と視点を変えて捉えると、見えてくるのはこれを口にする人の思惑だからです。「周り」には自分も含まれているにもかかわらず、そこが背景に溶け込んでぼやけているのはなぜでしょう。

おそらくは「他の人はともかく私に対する気遣いがない」ことへの違和感がいちばんのポイントでしょう。「あなたの行いは私の気持ちをひどく損ねている。だから私に対して一言あってもいいのではないか」という隠れた意図がこの発言の主体性のなさを演出しているのだと思います。

そうなると周り、つまり「みんな」という言葉に換えて自分の心情を表しているのはなぜかと言えば、仮に「私への気遣いがない」と前面に自己を押し立てて主張してしまったら、みんなから「結局は自分かわいさか！」とばかりに今度は自分がワガママと言われかねないからでしょう。知らぬ間に「素の自分を出して、思っていることを言うのはワガママなことなのだ」という判断をしているということです。

ところで、この言いようは引っかかりなくそのまま聞き流してしまいそうですが、ちょっとおかしいと感じないでしょうか。「思っていることを言う」ことがどうして「ワガママ」にすかさず結びついてしまうのでしょう。しかも「みんなにワガママだと思われてしまう」と、実際に言われたわけではないのに周囲の視線を気にして、先回りするように自分の素直な思いを抑圧しています。

他人にどう思われようが、「私に対する気遣いがないことは受け入れられない」と自分が自分であることを明らかにする。それへの恐れが「みんな」の意見と足並みを揃えるほうに働きかけているのではないかと思います。そして、恐れからみんなと調子を合わせているということは、確固とした考えが本人の中に取り立ててあるわけではなく、空気やノリ、流れ次第でどうとでも変わるということです。ベビーカーの乗り入れを問題にしない空気になれば、それになびくでしょう。

このように見ていくと、「周りへの配慮」を持ち出し、ものごとの善し悪しを他人にならって判断しようとする態度に潜《ひそ》んでいるのは、「私のことを気遣って欲しい」であって、決して起きている出来事への関心ではないとは言えないでしょうか。

巧妙に意図を隠しながら、実はまったく自分のことしか考えていない。「人をワガママと非難するけれど、あなたのほうがよほどエゴイストだ！」などと言いたいわけではありません。また、隠された事実を指摘するといった手法を磨き上げていくことを鋭さと思う人もいるかもしれませんが、残念ながら私たちが自分を離れた外部の出来事について語っている内容は、自身の願望や期待を含めた、他に承認を求める意見の披露であることがほとんどです。我が身を冷静に振り返ると、人についてとやかく言えやしないのが実情でしょう。

自分はさておきというのは確かに甘えた態度かもしれません。かといって私たちは聖人ではないので、顕示欲を完全に捨て去ることは難しい。ただ、自覚しておいたほうがいいのは間違いありません。どれほど鋭い意見を養ったところで行き着く先が承認欲求なら、なんら変わらない現実の繰り返しに手を貸すことでしかないからです。

では、凡人なりにどうすればいいのでしょう。

自分で自分を認めることから

他人との関わりの中で同調性は自然に生じてしまうものです。同調の中で安心や安全な感覚が得られます。しかし意図的に調子を合わせるときに生まれるのは何でしょうか。

ただみんなと同じであることに価値を置き、みんなと同じであろうとするのは、自分が自分であることを表明する、いわば自分の責任のもとに行動することが迷惑やワガママだと指弾《しだん》されることを避けるためだとしたら？　本当は心中に思うところはあるけれど、周りを気にして口にはできない。そういう私を気遣って欲しい。これが同調性になびきたがる欲望の正体だとしたら？

「所詮《しょせん》、人間はワガママな生き物だ」と開き直るのも、「自分はなんて醜《みにく》いのだろう」と罪悪感に浸るのも、どちらも現実逃避です。だったら、いったん「これが自分の現状の姿だ」と認めてみるのはどうでしょう。すると、自分も含めて世間では配慮や気遣いに飢えている人だらけの有り様が見えてくるはずです。それに注目すると別のストーリーが浮かび上がってきます。

つまり「私のことを気遣って欲しい」という承認に向けた飢えが根底のところで訴えているのは、「私は他人の目を気にする自分ではなく、私は私であることに配慮したい。自分を肯定したい」という切実さです。

誰しも自分を大切にしたい。尊重したい。そしてできれば敬意を払われたい。けれども、自分のことよりもみんなに合わせ、協調しないとこの社会では爪弾《つまはじ》きされてしまいます。

みんなの顔色を窺い、空気を読むためには、自分の気持ちや思いや感情を押し殺さなくてはいけない。この社会で生きていくために「そうあるべきだ」と教えられた通りのことをきちんと身に付けてきました。その結果、常識をわきまえた人間に育ちました。人からは褒められるかもしれません。

しかし、褒められるのはみんなと一緒だからで、決して私が私として認められているからではありません。そのことに当人はどこかで気づいているはずです。私が私として存在している。この単純なはずのことがかなわない。そのことへの葛藤が自己肯定に対する飢餓感として表れているのだと思います。端的に言うと、私らしくいたい。あるがままの自分としていたい。「我がまま」でいたいのです。

実はベビーカー問題に限らず、迷惑とワガママをめぐる論題の背後には、「私らしくいたい」があるのではないでしょうか。

みんなの存在を口実にして、遠回しに自分を承認してもらうのではなく、私は私であることをただ肯定したい。恐れからそうは言えない気持ちが「周りへの配慮がない」にすり替わってしまうのだと思います。

私は私である。この単純で強い言葉はみんなからひとり離れて歩くこと、みんなといたずらに同調せず、ときに迷惑やワガママと言われかねない行動を促します。だから口に出してはならないことでした。口に出してはならないからこそ、あらゆる機会を通じて遠回しに自覚のないままに表出していると言えます。決してはっきり言わないが、何か察して欲しいことを否定やねじれた形で伝えようとする。それを目にした側は当然ながらモヤモヤします。

実はベビーカー問題への非難の声に感じたモヤモヤが示しているのは、「子供よりも私のことを気遣って欲しい」という悲鳴であり、意図せざる自己の表明だったのではないでしょうか。

自分を肯定したい。でも、恐れからそうは言えない気持ちが「周りへの配慮がない」にすり替わってしまっているとしたら?

2

コミュニケーションをめぐるモヤモヤ

「みんな」への恐れからついとってしまう態度

「周りへの配慮がない」を持ち出して、他人をひどく罰したがるとすれば、その本意は「あなたの行いは私の気持ちをひどく損ねている。だから私に対して一言あってもいいのではないか」にあるのだと先述しました。真意を悟られることなく、安全圏にいながら相手を批判できる。それだけこの文句は使い勝手がいいし、非常に効き目のある魔法のような力を持っています。

実際、「周りへの配慮がない」を持ち出せば、相手の置かれている状況や事情を考慮せずに、とりあえず「あなたに落ち度があったのだ」と立証できたような雰囲気を作れます。

言われた側も「そう言われると、確かに配慮が行き届いていなかったかもしれないな……」とうっかり反省したり、負い目を感じてしまいがちです。というのも、ちゃんと周りを気遣っていたか？　と問われたら、どこまですれば「ちゃんと」になるかわからなくなるし、どうにも心もとなく感じるからです。

なんだか自分が悪い気がする。けれども「そう言われると……」という前置きを必要とするくらいだから、いまいち言われた本人はピンと来ていないわけです。

この言われていることが腑に落ちていない、不明瞭な感じは、実は非難する側の意図を隠した態度がもたらしているのだと思います。なぜなら「周りへの配慮がない」とは、細かな事実に基づいての批判に要点があるのではなく、ぼんやりとした空気を作ることに目的があるからです。

配慮のなさを指摘する側は「落ち度があったとすれば、それは何か？　どこまで責任を負うべきか？」といった具合に、相手と自分の認識の違いを鮮明にすることを期待してはいないでしょう。あくまで「あなたに問題がある」という漠《ばく》とした空気を読ませて、「私を気遣え」と相手の身を縮こませることが眼目なのです。

空気を醸《かも》し出す上で周囲、つまり「みんな」は欠かせません。「みんな」と言ったところで、それが友達を指すのか。近隣の人たちなのか。しかも、親しさの度合い、距離感は様々ですから、「みんな」という一括《くく》りでは、どこまでの範囲を指しているのかわかりません。けれども、わからないからこそ「**みんなへの配慮がない**」「**みんなが迷惑している**」**といった表現**がパワーを持ちます。

「みんな」を持ち出されることに、私たちはひどく弱いのです。幼い頃から「みんなはできているのに、どうしてできないの？」とか「みんなと仲良くしましょう」といったように、あらゆる機会を通じて「みんな」を主役に考えるよう促され、自分に価値を置くのは後回しなのだと思うようになりました。いつしか息をするようにその発想を自然と受け入れ、その結果「みんな」という言葉がひとり歩きし、独自の力を持つようになったのです。

だけど、誰かができているからといって、なぜ私がやらないといけないのでしょう。なぜ好きでもない人と仲良くしなければいけないのでしょう。「なぜ？」と素朴に問いかけた途端、親や教師の怒りを招き、「聞き分けがない」やそれこそ「ワガママを言うな」と言われたことが誰しも少なからずあるはずです。そうした経験を重ねる中で、感じて思ったことを口にするのはいけないことなのだと学んできました。

周りがどうであれ、本当は意の赴《おもむ》くままに行動したいし、そういう自分を肯定したいにもかかわらず、身体の奥深くに浸透した「みんな」への恐れから自身の言動を抑制するようになってしまったのです。

「みんな」に自らの振る舞いを揃えるようになると、私たちは自分の感覚や思いを否定的に扱うことに巧みになります。「みんな」はどこにいて、どういう基準で評価するかわからない。そんな「みんな」に「おまえは価値がない」といつ爪弾きにされるかわからない。そうなると私が自身に価値を置かないことが身を守る術《すべ》になるでしょう。

聞き分けが良くなり、自分の気持ちではなく周りの考えに従う。こうした方法に習熟したことで私たちはふたつの身なりの整え方を手に入れました。

ひとつ目は自分の興味に従ってものごとを試してみて、その体験の中で培った「正しい」と感じることを述べたり、それに基づいて行動することを放棄しました。

ふたつ目は怒りを表現することを恐れ、それでいて怒りを募らせ、ひねくれた形で表現するようになりました。

それぞれの選択がもたらした事柄について見ていきます。まずは、ひとつ目の「放棄」についてです。

正しい「正しさ」はどこにある？

たとえば向き合った相手が前を指差せば、その方角は私の指す前とはまるで正反対です。だからと言って「どちらが正しい前を指差しているか」で争いになったりはしません。「あなたにとっての前はそうなのだね」で終えられます。各々の正しさの根拠は指を差すという行為のもたらす体験です。他人の指差す方角を是正したり共感できなくても意に介さないのは、何より「私にとっての前」が大事なことであり、それが明らかなのだから相手にわざわざ理解を求めたいとは思わないからです。

ところが、他人に評価を求めるルールのもとで行われる言葉のやり取りになると、たちまち「おまえの指差す前は正しくない」といった類のことを言い始めます。

社会を生きる中で、私たちは生きてきた年数をかけて自分の信じる正しさをこしらえ、磨きをかけてきました。するとは次第に「あなたの考えは理解できない。受け入れられない。進むべき道は互いに違う」だけで済ませられなくなっていきます。その背景には、「みんなの信じる価値を正しいと信じるコンセプト」を採用しないことには周囲に認められなかったという生存をかけた取り組みがあります。だからこそ自分の信じる正しさを誰かに根拠付けてもらおうとするし、そうして得た安心感を否定する他者の存在が認め難いのです。だからと言って信じた正しさは確固としているわけではありません。「私とあなたの指差す前は違う」ときっぱりと言えるようには確信を抱けない。それだけ「どちらとも言えない」といった複雑で曖昧な世界が目の前に広がっているのを知っているからでしょう。立ちすくみ、「他の誰かはどう考えているだろう」とキョロキョロと辺りを見回す。いつまでそれをやれば自分なりの決断ができるでしょう。十分に情報を集め、多数の意見を参照すれば賢明な判断に至れるでしょうか。そうかもしれません。頭の中は忙しくなるので、何かやっているような感じはあるかもしれませんが、実際はずっと「どちらとも言えない」地点に留まったままです。そこから移動するにはやはり十分な考察が必要でしょうか。どちらとも言えないからこそほかならぬ私が試してみる。一歩を進めてみる。この単純で重要な行為を暮らしの中のあらゆる局面において私たちは放棄しているのではないでしょうか。このような振る舞いをしてしまう背景には「正しさとの照らし合わせ」があると思います。**私たちは誰かの言った正しさを受け入れ、それにかなうように努めてきました**。本質的な正しさとは何か？　を問うた結果、自分の内側から生じたものではありません。ですが、それによって「自分はこういう人間だ」といった自分らしさを培ってきましたし、そこにプライドを感じます。

それが「自分なのだ」と思って生きているにもかかわらず、どうして私たちは情報や比較に弱く、すぐにぐらついては「これもできない。あれもできない」と不必要なまでに自分を責め、「こんなはずではなかった」などと過去を悔いたりするのでしょう。他人があれこれ言うならまだしも、わざわざ自分を否定しては、いつかそうなればいいなと思う理想の自分を抱きつつ、同じことを繰り返しては変わらない自分に溜め息をつく。大抵はそれは「意志が弱いからだ」といった片付け方をされますし、自らにもその評価を許してしまいます。それは見方を大いに間違えているかもしれません。「そんなことをしたら笑われるよ」とか「こんなこともできないの？」と正しさからの逸脱を指摘され、びっくりしたり恥ずかしくなったりした経験がみなさんにもあったと思います。冗談めいた口調で言われたとしても、感覚的に刺さって抜けなくなった言葉の数々があります。

他者からの評価は自分を客観視するきっかけにはなります。と同時に「そういうことをする自分」をジャッジし、周囲の期待する自分になろうと努める原動力にもなるでしょう。だからと言って、それは常に断念を伴うような悲しい出来事だというわけではありませんでした。子供は可能性の塊《かたまり》だと言われるのは感性は柔らかい分、傷ついたとしてもそれを通じて新しい体験を獲得していくこともできるからです。

ただ、柔軟であるだけに正しさを引き合いにして自分を捉えることに早い段階から慣れてしまえば、「できない自分はいけないのだ」と自分を正当に、それこそ正しく扱うことが難しくなります。

たとえば「挨拶をしっかりしましょう」という教えを守れないとしても、「そんなこともできないの」と言われる筋合いは本当はないと思います。できないものはできないのだし、気分によってしたくない。まして、嫌な人にはしたくはない。自分を曲げてまでやらないとすれば、それは自立していると捉えてもいいはずですが、「みんなと同じ」が良いという信念を持つ人が周囲にいれば、それは正されるべきことになります。その考えを採用すれば、示された正しさと自分の行いを比べて、「自分はダメだ」という判断を下すことをためらわなくなるでしょう。

素直に評価を受け取れない

次いで、ふたつ目の怒りについてです。怒りを恐れると同時に募らせている。このメカニズムと自分に厳しくあたることは背中合わせだと言えます。互いをつなぐ上でのキーワードは「謙虚」にあります。

私たちが生まれたときから親しんでいる文化においては、**ものごとができるようになることを求められながら、自ら「こういうことができる」と訴えたのなら、それを謙虚さの欠如とみなします。**だから「大したことはできない」という謙遜《けんそん》を踏まえて、「いや、そんなことはないですよ」と打ち消してくれる他人の声を頼りに自分を示そうという慣例に従いがちです。これについて過日、私が体験したことを紹介したいと思います。

私は武術が好きでして、ハワイで東南アジアの武術などを指導している先生が来日された際、三日にわたる講習会に参加しました。指先を柔らかく反らせるだとか、日本では馴染みのない動きやリズムに戸惑いながらも、見せていただいた手本の技を覚え、参加者同士で互いにかけ合いました。

先生は会場全体を回って様子を見つつ、参加者一人ひとりに声をかけており、三日間で私が聞いたのは「グッド!」「オッケー!」「エクセレント!」がほとんどで、質問に対しては「こうしたほうがいい」というアドバイスはあっても「それは違う」とか「その動きはダメ」の類は一言もありませんでした。

ビジネスのセミナーやボディワークのワークショップでも、アメリカ人の講師はおおむね肯定から入ることが多いと聞いていたのですが、その先生がまさにそうでした。

パートナーと組んで技がそれなりにかかって、相手が足元に倒れたとしても、私は「なんだかあまりうまくできないな」と失敗のラベリングをしたのに、先生は「グッド！」とサムズアップをするのです。面映《おもば》ゆくなって、つい「サービスで言ってくれているんだろうな」と思っていました。

ところが講習会の途中から、こうした心の動きに対して、「ちょっと待てよ」と振り返りを求める気持ちがどうにも自分を突っつき始めました。不思議に思えてきたのは、先生の評価を受け取らずに拒否している自分の姿でした。拒んで、しかも勝手に「所詮はサービスだろう」と結論付けているのです。終始一貫して自分の考えから出ることがない。コミュニケーションの拒絶です。「これってすごく失礼なことじゃないか？」。そう思いはしても、「いや、そうじゃなくて、もっとうまくなりたいし、現状に甘んじられないからこその低評価なんだ」と言いたがる自分もいます。

そうなるとさらに疑問が湧いてきました。**「まだまだちゃんとできないのだ」と厳しく、否定的に自分に接することで、果たして私は何を手に入れているのだろう、と。**

謙虚に隠された意図

相手の思いを受け取るのをためらう態度は、言い方を変えれば「謙虚」だとか「シャイで褒められることに慣れていない」になるのかもしれません。でも、これはうわべを捉えた見方でしかないでしょう。なぜなら実際の振る舞いは、謙虚とは言えないし、不慣れというより礼を失した態度だからです。私は面前にいる先生の言葉を受け取らないにもかかわらず、照れてみせる態度によって拒絶を曖昧にしていました。

ノーでもなければイエスでもない。こうした私のリアクションが実際に示していたこと。それは起きている出来事と直面するのを避けて、やり過ごすという行動でした。あまり真摯《しんし》ではありません。単純に「サンキュー!」で応えればよかっただけのことです。

加えて「サービスで言ってくれているんだろうな」という結論付けは、やはり相手の言動を無視しているし、敬意を払っているとは到底言えません。

自分と相手とでは出来事に対する評価は違って当然です。しかし、相手の意見は、それとして受け入れる。そこから自分の価値観とは異なる他者を尊重する第一歩が始まるはずです。

ところが私は相手の言うことを受け入れないどころか、「本当かな」と不信感を抱いていました。突き詰めると、これは自分に対する不信が出所でしょう。そう、私は「評価に値するはずがない」と思っていたのです。満足にできるはずのない私を評価するあなたは疑わしい。言外にそういう態度を示していたのです。

先生は「できたかどうか」の結果ではなく、「取り組んでいる」という過程に対し評価をしていたのだと思います。その場で結果がすぐ出せるなら、わざわざ生徒は習いに来る必要はありません。できないから指導を受けに来たわけです。先生は何を私に提示したかと言えば結果ではなく、学び方の手順です。手順は間違えていない。それでいい。だから「グッド」だったのです。

なんでも肯定するような甘い指導では上達しない。厳しさが必要だ。そう思う人もいるでしょう。けれども、その発想で見落とされているのは、結果を出せるかどうかは講習後の自分にかかっているということです。

つまり、先生の肯定は生徒の自立した学習を前提にしています。技術の精度を高めていくのは、自分の研究と取り組み方次第だから、誰にも甘えることはできません。

翻《ひるがえ》って厳しく指導し、結果を求めたところで個々の自立があまり望めないのは、指導する人の考えや評価基準への依存を学習する側が強めるからでしょう。

ここに至ると、自分に厳しく否定的であることで私たちは「何を手に入れているのか」が明らかになってきます。自立の拒否です。

自己否定の顔をした焦りと怒り

武術に限らず、スポーツや教育でも肯定ではなく、まず否定から入ることが多いと思います。みなさんも思い当たる節があるでしょう。「ちゃんと言われた通り、まじめにやれ」「こんなこともできないのか」。こうした言葉に子供の頃からどれだけ晒《さら》されてきたでしょう。しかも、できたかどうかは問われても、その過程はあまり注目されませんでした。そんな経験をしてきたものだから、私たちは自分に対して真摯に向き合うことと、「だから自分はダメだ」と自らを頭ごなしに否定することの違いがなかなかわからなくなっています。内省は「ここはよかった。ここは改善の余地がある」と是々非々《ぜぜひひ》を問うはずですが、なぜかダメ出しと自己嫌悪にしか行き着かない。

しかも、「自分に厳しく」といったところで、ほとんどが親や教師から教えられた価値観をなぞっているのが実情でしょう。要は他人の望む自分になるための厳しさであり、自らへの否定的な扱いでしかなく、まるで自分と向き合っていないわけです。**本当の意味での自己否定は「他人に望まれるような自分を演じる」というエゴを相手にしなくてはならない**はずです。これを温存させたままの厳しさは見せかけでしかなく実は自分を甘やかす態度と言えます。

自身を否定的に扱うのは、他人と足並みを揃えるための方便でもあります。それを習慣とするうちに、「私なんて……」と自己評価を低く見積もることも習い性となってしまいます。そういう例も多いのではないでしょうか。だから本人は謙虚なつもりでも、実態としては卑屈な振る舞いでしかないこともしばしばです。

自身の実力を信頼する気持ちがあるからこそ、自分や他人を思いやれます。それが謙虚な態度を生むでしょう。しかし、**「私なんて……」から始まる卑屈さは、他人の提示する価値観や基準を満たせないことへの焦燥《しょうそう》や妬《ねた》みを内包しているもの**です。自信が持てないからこその装《よそお》われた謙虚さは居丈高《いたけだか》な態度にいともたやすく反転します。卑屈さと傲慢《ごうまん》さを往き来することでしか自分を認められないのです。

「彼はできるが、私はできない」。ただの比較で終われば卑屈にはなりません。しかし、「あいつはできるのに、なぜ自分はできないんだ！」と比較に嫉《そね》みの感情が重なるとき、私たちの身の内で怒りが生じます。

この怒りの起源は何でしょうか。おそらくは常に「できること」のみが評価され、自身の思っていること、感じていることはまったく顧《かえり》みられなかった。「私は理解されていない」という傷が怒りを呼ぶのでしょう。

できないのは「能力がない」「努力が足りない」「いけないことなのだ」と叱られ、嘲笑《ちょうしょう》されてきました。弱い自分をひたすら否定されたのです。だから、できる人を前にすると、癒えることのない痛みや悲しみが疼《うず》き、常に評価されてきたことへの怒りが頭をもたげます。そうなると人と比べて何かができない、それがあたかも自分の存在の否定として感じられてしまいます。できないことがただのできないこととしてではなく、沽券《こけん》やプライドの問題に発展してしまうのです。

ここまで読んでおや？　と思った人もいるはずです。私たちにとって馴染みのある文化は「いや、私なんて」と自己否定を謙虚な態度として奨励していたはずです。蓋《ふた》を開けるとわかるのは、シビアに力量が問われる局面になると自分が否定されることに耐えられず、かといって自分の弱さを見つめられず、受け入れられず、いたずらに他人の否定に奔走《ほんそう》する様子です。

世間が求めている常識に従って、自分の主張を取り下げ、他人の言動に異を唱えるよりも、まずは受け入れ、共感し、同等に振る舞うのを良きこととしてきました。それをコミュニケーションの基本姿勢としてきたはずです。

けれども本当のところは社会が用意した基準でジャッジされ、否定されるたびに怒りを募らせてきたのではないでしょうか。

それを明らかにすることはできませんでした。なぜなら極めて個人的な思いから発露された怒りは、単なるワガママな振る舞いだと言われるからです。本当は比較などされず、自分を自分として受け入れたい。そうできないことをストレートに怒りとして表現できず、他人の否定のために怒りのエネルギーを投入する。そんなねじくれた形で怒りを表現しているのではないでしょうか。常識に則る中で私たちは自分自身として生きることを少しずつ諦めているのかもしれません。そして、その諦観を後押ししているのが、コミュニケーション能力を称揚するいまどきの傾向に潜んでいるように思うのです。

共感するよりも大事なこと

コミュニケーション能力の向上を謳《うた》う文句に必ずと言っていいほど登場するのが「共感」です。「共感する力が高いほど相手から話を聞き出すことができる」や「相手の気持ちに寄り添う上で共感は欠かせません」といった類の文言を耳にした人も多いでしょう。だから「共感力を高めましょう」というわけです。これほどまでに共感に価値が置かれているのは、人間関係を円滑にするという結論ありきで語られているからではないかと思います。

コミュニケーションそれ自体はプロセスの連続なので成功も失敗もないはずです。そこで共感が目指すべきこととして設定されるというのは、かなり不可思議です。たとえば同じカレーを食べてもあなたは辛いと感じ、私は辛くないと感じる。感覚は人それぞれであるにもかかわらず、「このカレーは辛い」を目標にし、そこに共感する手練《てれん》手管《てくだ》をコミュニケーション能力だとすれば、それぞれの感性を殺すことを意味します。

私が「何をどう感じているか」を封じてまで共感しなくてはいけない他人の感性とは何でしょうか？　そもそも他人の感覚をわかりはしないにもかかわらず。共感が何をおいても大切なら、もはや私が私である必然性などありません。私が感じている。これが生きる上での基盤です。私の感じることは、ほかならぬ私にとって不可欠であり切実なことなので、本来は他人からの共感は必要としないはずです。

　そうなると明らかになるのは、**世間は共感を重視してはいても、本当は感覚的な共感ではなく、頭の同意を求めている**のだということです。何への同意かと言えば、やはり「みんなと同じ」です。そうすることでほんの僅《わず》かな時間でも得られる安心感を満たそうとしているのでしょうか。

「みんなと同じ」に価値を置けば差異を、他者性を認められません。私と異なる他者のあり方を認めないということは私自身を認めないことにつながります。

　なぜなら、それは「習慣や概念の中で作られた私」ではない、自分の本性を否定することになるからです。「本来の私」と聞くと自分探しを連想し、拒否反応を起こす人もいます。「自分らしさ」を問うことが現実逃避に感じられるのは、まだ誰も認めていない「素晴らしい私」を発見することで一発逆転を狙うような魂胆《こんたん》を見るからでしょう。

しかしながら冷静に観ていくと「本当の自分」が素晴らしいかどうかはともかく、ひとつはっきりしているのは「私は〇〇だ」と明確に語れてしまうものではないということです。だから安易に共感もできません。本性は私にとって常に謎であり、他者だからです。最初の他者は外部ではなく私の中にいます。私の思わぬ私が自分の内に存在します。

私が誰かと出会い、言葉を交わし、何か通じあったと感じ、喜びを覚えるのはなぜでしょう。あなたの中に〈まだ見ぬ「私」〉を見出すからです。そして、私の中にいる「あなた」という名の他者を通じ、私はあなたと出会うのです。

私は目の前にいるあなたとは違う。同じではない。そして、「私の思う私」ではない私が自己の内に存在します。みんなと同じことにしか価値を置けない世界では、その内なる他者の存在は生きながらえることはできません。

こんなにも自らを肯定できない人が多いのは、常に私が私自身を殺しにかかっているからではないでしょうか。そうであればやたらと共感するよりも大事なことがあるはずです。

「なるほど」「わかります」「それは大変でしたね」と、わかろうとしてわかるためにうなずいて見せるのが共感ではないと思います。それでつながりを持てたとしても本当に相手に敬意を払ったと言えるでしょうか。

コミュニケーション能力が高ければ、相手との距離を縮めたり、気持ちに寄り添うといった親密な間柄になれるかもしれません。わかろうとする。そしてわかる。このようにして関係性が近くなること自体が悪いわけではありません。けれども、同時に遠さも大事なのではないでしょうか。なぜなら、私はあなたのことが決してわからないからです。あなたは私ではないのです。私がわかるのは、あなたが言っていることではありません。言おうとすることだけが辛《かろ》うじてわかるのです。

つまり、私はわかろうとすることができるだけなのです。わかりあえなさが私とあなたの関係の前提です。

あなたが言おうとすることを、私はわかろうとする。そもそも、あなたにしても言い尽くしているわけではないし、言いたいことがはっきりとわかっていないかもしれません。**互いの抱えるわかりあえなさを前に「わかろうとする」という行いがコミュニケーション**ではないでしょうか。

私はあなたに近づこうとする。近づくとはわからなさに向けて踏み出すことです。この歩みには正解はありません。だから、すれ違うこともありえます。それは悲しいことでしょうか。ふたりの隔たりは、異なる人生を生きる者同士の間に必ず生じます。だからこそ、互いの人生への敬意が生じるのではないでしょうか。

共感だけでは測れない、その人の生の営みがあります。いくら近づいても近づけない。すれ違っていく。その遠さと近さが互いの生きている貴重さを生み出すのではないでしょうか。

ときにはすれ違いもある。それは悲しいことではない。共感だけでは測れない、その人の生の営みに気づく機会になるかも。

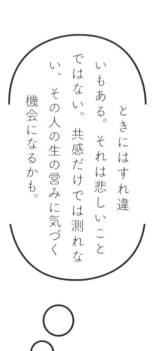

3

仕事をめぐるモヤモヤ

「やればできる」という言葉

「目標が達成できないのは、君のがんばりが足りないからではないだろうか」

「あなたが生活に困っているのは、いままで努力を怠《おこた》ってきた結果でしょう？

それならいまの不遇も自業自得とは言えませんか」

「楽しいだけでは仕事とは言えない。つらいこともあって本当の仕事だ」


バリエーションを変えながらも「すべては意志の問題なのだ」と脅しては不安を駆り立て、罰したり恥じ入らせるような言葉が世の中に溢れています。劣悪な労働環境を不問に付す際にも使われています。

「風邪でも、絶対に休めない」といったコマーシャルの宣伝文句だとか、直接的にはそうとは聞こえなくとも、注意して聞けば様々にアレンジされた同様のメッセージを毎日のように耳にしていることに気づくでしょう。底流しているのは「やればできるのにできないとしたらやっていないか甘えているからだ」になるかと思います。

「やればできる」という言葉にモヤッとします。能力は向上するし、していけるものなのだという、ある意味では潜在能力への信頼があっての文言ではあるでしょう。それは決して嘘ではないにしても、やってもできないこともあるのですから本当でもありません。そこを一様に均《なら》して「できる」と言い切るところにを引っかかりを感じるのです。かといって、「できなくてもいい」と言うのも何か違うと感じるのは、開き直りたいわけでもないからです。モヤモヤを感じる理由はもっと奥のほうにありそうです。

ある事柄をやりたくない人もいるし、向いていない人もいます。努力しようがしまいが、できる人もいればできない人もいます。設定した目標にどだい無理があることもあれば、他の人ができたとしても自分にとっては実現が難しい課題もあるでしょう。また、できる・できないを経済的な自立という狭い範囲に区切って言えば、病気やケガといった不運な事情から自立が難しい時期も人によってはあります。妊娠していれば、かつてのようには働けない。障害があれば健常者のようには働けない。そうした人それぞれの事情を踏まえることなく、一律に「やる気の問題」にしてしまい、そこから「自己責任」「自助努力」につなげていくのが当世の考え方です。かなり理不尽です。

そもそもを言えば、いったい何ができることを私たちは「できる」に値すると考えているのでしょうか。

たとえば上手に折り紙を作ることが「できる」として褒められはしても、紙を破ることは「できる」として評価されないでしょう。折り紙なら「美しく折る」とか「人の目を楽しませる」といった目的がありますが、紙を破る行為には目的がないように見えるからです。だから破くことは能力に数えられず、ちゃんと折るように促されます。なぜならみんなは決して破いたりしないし、普通は折れるように取り組むからです。みんなのように折れるようになる。それがいいことなのだから、努力によって「できるようになる」のもいいことだというわけです。

折り紙を渡されたら「折るものだ」と受け取る感性があったとして、それはおかしなことではありません。けれども、いつもそれが正しい答えであるならば、「折るものだ」という予見のない人がいて、「破りたい」という衝動を持っていたとすると、それは消し去るべきものになります。破るということがその人の能力の発揮につながったとしてもです。

これは極端な例に思うかもしれませんが、「やればできる」と能力の向上を疑わない様をとことん問うていくと見えてくるのは、それと「与えられた正しさを答えとして受け入れる」というプロセスとが不可分だということです。そうだとしたら、与えられた答えの外について問う必要があるのではないでしょうか。とはいえ、確定したと思われていることを問うていくのはなかなか体力が必要です。

答えは常に他人が持っている？

職場で「**目標が実現できなかったのは努力不足だからだ**」と頭ごなしに言われたとします。それに対して「今回の案件については、その考えは妥当ではない。到底受け入れられない」と判断して突っぱねるのではなく、「そうかもしれない」と不安になって、相手の言い分を理解しようと努めることはないでしょうか。

直感としては「おかしい」とちゃんとわかっていても、そのわかり方を大事にできない。上司やメンター、または権力を持っていたり、社会的に認知された講師から言われると「そうなのかもしれない。そう思えないのは自分の理解が足りていないからなのかもしれない」とつい思ってしまう。

自分を疑い、相手の言明を答えとして受け取って理解しようとしてしまい、それまで培ってきた自分の感覚や経験から判断することを手放してしまいます。そうなるのはどこかで私たちが「答えは常に他人が用意してくれる」という考えを持っているからではないでしょうか。人生が常に学校の教室での過ごし方と同じものだと思っている節があります。

そうなってしまうのは自分を否定し他人を肯定し、その上で自分を肯定し他人を否定するという過程を体験する機会がほとんどないままだからです。

自己否定は人が成長する上で必要です。個人だけでなく、社会や国のレベルでも己を顧みずして自画自賛するのはなんとも滑稽《こっけい》です。他人は常に自分が見えないところを示唆してくれます。それを受け入れることは自己の否定であり、そのことで新たな知見を学ぶ機会を得ます。

と同時に必要なのは驕《おご》りからではない自分の肯定と他人の否定です。否定と聞くとネガティブに捉えられがちですが、原則的に考えると他人は私ではありません。私の存在や人生は他人事ではないので、私が何か選択するとき、他人は否定されます。私はあなたではないからです。

私が「やればできる」と言うこととあなたが「やればできる」と思うことは異なります。やろうとする私やあなたはどういう者として存在しているのか。そして「できる」と言っていることは、どういう意図で何を達成しようとしているのか。それを明確にしないままで、「やればできる」をなんとなく叱咤《しった》のメッセージとして使うのであれば、自他の区別がついていないことになります。

生きていく上では、肯定と否定が絶えず相互に干渉しています。その運動の中で見極めていかなければ、わかりやすく「あの人はできないからダメだ」とジャッジすることはできたとしても、ものごとの陰影や人の気持ちの奥行きを捉えることなど到底かなわないでしょう。ひとつの物差しを信じれば、できる・できないは非常に鮮明になります。ただし否定と肯定が入れ替わるダイナミックな転換を体験することはありません。

自分を否定し他人を肯定する、自分を肯定し他人を否定するとは運動であり、変わり続けるということです。私たちは生命体ですから決して固着することなく変化し続けています。変わり続けるとは、いつでも変化に応じられることでもあります。

たとえば眼前に困っている人がいるとします。ここで「自己の肯定と他人の否定」

は、どういう形をとるでしょう。「自分は努力してきたから今日の暮らしが実現している。あなたはちゃんと働かないからそうなっている」と切って捨てることではないでしょう。私ではないあなたが存在している。あなたという存在は私の経験や知識や概念の外にいる。その人が困っている状態にいるのなら何をもって変化に応じると言えるでしょう。「怠けている」といった概念越しに見て済ますのではなく、ただ手を差し伸べる、声をかけることではないでしょうか。それはまさにやればできることです。

そのとき、特定の正しい見方をしているかどうかではなく、ただの人間としてのあり方が問われます。頭の中だけで見知った知識を事物に当てはめるのは、およそ「できる」「考える」とは呼べません。

すでに出されている答えを理解する態度はきちんと教わり、まじめに会得《えとく》しました。できるようになることがいいのだと成功に向けて努力してきました。けれども自らに問い、また他に問いかけることで自律して学ぶことは怠ってきたとすればどうでしょう。怠惰《たいだ》であるとは、こういうことについて使うべき語ではないでしょうか。

人の生き方も世の中も本当は正解もなければ定型もないでしょう。実際、時間とともに世の中の仕組みも価値観も変化してきました。だとすれば、自分が他の人のようにできるかどうかを問う前に「どういう生き方が私にとってはいいのか？」、そして他の人について考えるならば、「どういう社会が自分を含めたみんなにとって幸せなのか？」と問うことが大事ではないでしょうか。

問うてみても確答はなく、その都度の応えが得られるだけです。少し心もとなく感じるのは確かです。みんなが「いいね！」と承認してくれるとは限りません。周囲からの逸脱を失敗した人生だと恐れる気持ちが私にもあります。

けれども、従来のできるかできないかの枠を超えたとき、「紙を破る」行為も美しく破る能力として私たちの目に映《うつ》るかもしれません。それは幸福な瞬間の訪れだと私は感じます。もしも逸脱した行為を削除していったとして、その後に残るのが成功か失敗かを問う常識だけだとしたら、それで私は幸せなのか？　と思うのです。

何を選んでいいのかわからない

成功と失敗について考えていく上で格好の出来事がありました。先日、まだ入社して三年ばかりの若い新聞記者と知人を交えて話す機会がありました。彼は教養というものへの憧憬《しょうけい》を抱いていて、書物を読み、考えることによって知性は練磨されると考えていました。それだけにまとめサイトと変わらない書物の横行やＳＮＳの流し読みで何かわかった気になってしまう風潮に悲しみと憂《うれ》いを覚えていたのです。

また、乱暴で慎《つつし》みのない放言を本音と称して言い募る人士も論客の列に加えられ、耳を傾けるべき意見のひとつとして数え上げられてしまう世相に危機感を抱いていました。そんな時代であればなおのこと、確かなものを習得しない限り、善し悪しの判断も美醜《びしゅう》の目利きもできないのではないか。だからこそ読書によって知を得て、それを暮らしの中で実践していく必要があるのではないか。そういった考えを彼は持っていました。私もこの社会から識字階級が消失しつつあると思っているので、うなずけるところは大いにありました。

前世紀の半ばくらいまでは、おそらく彼の話に同意を示す人はそれなりにいたでしょうが、二十一世紀でこうした感性を持っていたら生きづらいことも多いかもしれません。彼に少し同情しつつ、この場にいる自分も知人もどちらかと言えば古い感性の持ち主だろうなと思いながら話を聞いていました。

書物を読むには一字ずつ目で追い、ときに立ち止まって考え、またページを繰《く》る必要があります。書かれていることと行間を読むには時間がかかります。いまどきの感性では、その時間のかけ方は非効率に感じるでしょう。その体感からすると、たとえば一四〇字のツイートも一文字ずつ目で追って読むというよりは、一四〇字全体を画像のように捉えてまさに一瞥《いちべつ》で判断しているのではないかと思うのです。

長く配列された文字を追っていくには息を継いでいかなくてはならないのですが、パッと見るだけであればその必要はありません。私の記憶の限りで言うと、一九八〇年代までは細かい字で二段にわたって組まれた分厚い本を目にするのも珍しくありませんでした。ぎっしりと詰まった文字と向き合うには、飽きたり気をゆるめたりしない集中状態は欠かせません。ロングブレスが必要です。

しかし、オンライン上での文字を見る行為には、深く長い呼吸はいりません。書かれている内容が精細に捉えられるかは別にして、短い間隔で情報をキャッチすることに長《た》けた感性を当たり前にしているのであれば、精読というような時間のかけ方に意義を見出しづらくなるのも仕方ないことです。

ここで話を終えておけば、世を憂う若者との出会いで締めくくれたのですが、彼はふとこう漏らしたのです。**「本をもっと読みたいのですが、何を選んでいいのかわからないのです」**

　おや？　と思ったのは、私だけではないようで、そばにいた知人はこう返しました。

「気になるもの、好きな分野の本を選べばいいのでは？」

　すると彼は少し困ったような顔をして、こう述べました。

「確かにそうなのですが、ちゃんとしたものを選ぶだけの目がまだ自分にはないから何を選んでいいかわからないんです」

　彼は鋭敏でありたいと願い、これまでとは違う生き方を模索したいと話すような向上心を持った人です。ですが、善し悪しはともかく、彼自身も気づかないうちに、みんなが認める正しさを求めるといった、あらかじめ用意された時代の感受性の枠にはまっているのかもしれません。

　ブックレビューのサイトをはじめ、大量の情報があるのですから、その気になれば何が自分に向いているのか選ぶことができるはずではないか？　そう思う一方、書籍の点数も多く、あれこれとやかく言う声もありすぎて、何か選んだところですかさずそれを否定するような情報も耳に入ってくるとしたら、いったい何を読んでいいのかわからなくなってしまう。情報のオーバーフローで感覚的に混乱に陥ってしまうのもわかります。そこを突破するのは「自分は何が読みたいのか」といった原点にある自分の意に忠実になることでしょう。だけど意欲を貫くにはあまりにも情報が膨大すぎて、調べる気力が萎《な》えてしまう。そうなると効率的にセンスの良いものを選びたくなるでしょう。

その経緯を理解はしつつも、だからこそ彼の発言に感じたのは、試行錯誤の体験の中で何かを得て、何かを捨て、自分の腕と眼力を磨く道筋があることを本気で信じられないのだな、ということでした。自ら体験して得られることに価値を置けない。物事を見定める自信を持ちたいが、それと同じくらい自分に対する不信感を持っているとでも言いましょうか。自分への疑念が募るほど、ものごとをちゃんと選ぶといった、目利きができるようにと導いてくれる確固とした解がありえるはずだ、という自覚されない期待が増すのかもしれません。

「自覚しないままに」というのも、彼は職場の上司が提示する正しい仕事のあり方、会議の非効率さに辟易《へきえき》としていたからです。慣例に不満を持っているにもかかわらず「自ら選べない」と表明してしまうのは、やはり自分の外に答えがあると思っているからでしょう。

知人は彼に対して「何事もやってみないとわからないし、失敗しても別にいいじゃない？」と言いました。正論です。それに対して「そうなのですが……」と言いはしても、やはり得心していない様子の彼を見ていて思ったのです。**「与えられた正しさを答えとして受け入れる」といった、受容の態度をもたらすのは「失敗」をちゃんと把握できていないから**ではないかと。

「やってみればいい」というアドバイスは、非の打ちどころがありません。けれども、決して彼にとっての答えにならないのは、結果を保証しないからです。確かにその通りかもしれないけれど、やってみて結果が伴わないで失敗したら？　その問いに何も応えてはくれません。「いや、だから試すんでしょう？」と言っても、堂々巡りに陥るでしょう。そうなるのは彼個人の勇気が足りないからでしょうか。経験していないから、やったことのない事柄に不安になっているのでしょうか。そう単純な話ではないようです。

いきなり失敗しろと言われても

少し俯瞰《ふかん》して考えたいと思います。彼を含む世代がどのような体験をしてきたのか断片的に聞いた内容から想像してみます。学校では、漢字のハネやはらいがちゃんとできていないといっては減点され、みんなと仲良く遊べないからといっては注意され、答えと合うことが正しいことであり、協調性を諭《さと》される一方で個性的であれと励まされてきた。彼にとっては一事が万事、**どこにあるかわからない正しさに揃えるのを求められてきた**わけです。

常に正解は教える側が知っているのです。その教えられた正しさから逸脱すると「迷惑をかけるな」とか「それは自由ではなくワガママだ」とすかさず修正されました。あらかじめ設定された正しさの枠、いわば閉じた体系の中で「できること」が絶えず求められます。独自の考えに基づいて答えることも、決められた条件を超えることも失敗とカウントされ、徹底して失敗はありえない学習環境の中で育てば「やってみればいい」という言葉は空々《そらぞら》しく聞こえるでしょう。

さんざん否定されてきたことを唐突に「やれ」と言われたところで、どうせやればペナルティを与えられるという思いもどこかで持っているかもしれません。なぜ失敗してはいけないのか？　という単純素朴な問いはとっくに抹消されてしまったのです。

試すとは不確定さに向けた行為です。だから正解をもたらしません。件《くだん》の彼の態度に見られるような「ハズレを引きたくない」という思いを言い換えるならば「正解をもたらすのであれば試していい」になるのでしょう。これは一見すると道理は合っているように思えて、論理的におかしいのは、正解を確認する行為は試すとは言わないからです。

こういう態度に対して経験を積んだ人たちは言うでしょう。

「失敗してこそ成功があるのだから臆せず大いに失敗しなさい。現に成功した人たちは失敗から学び、失敗を乗り越えて成功した。だからこそ大人たちは若者の失敗を認める度量が必要だ」

経験から語られた寛容な言葉に、心置きなく新たなことに挑もうと思う人もいるかもしれません。けれども、私はどうにもうなずけないモヤモヤを覚えます。なぜなら、こうした言い様は乗り越えることを主眼にしていて、決して失敗の意味を我がこととして捉えていないと思うからです。

挫折を乗り越える話が多くの人に好まれるのは、そこに克服のドラマを見出すからでしょう。でも、それは体験したはずの失敗を脇に置いて、成功法や正解を求めているだけで、失敗を決して見つめていないのではないでしょうか。

本来あるべき正しい理解から外れたから失敗がもたらされた。そうであれば正しい答えを知って、行うべきだ。それが失敗の克服であり、成功につながる。こう考えるのが当たり前と思われています。

その当たり前さは何を支えにしているのでしょう。人間は長らく知りえたことの拡張によって世界の謎を探求してきました。こうしたスタイルによって人間の知のあり方を決めてきました。その方法にあまりに慣れたせいでしょう。人は世界を自分が見たものの総量に等しいと錯覚してしまうようになりました。目から入る情報は一秒間に一〇〇〇万ビット以上。けれども意識にのぼるのは毎秒四〇から五〇ビットに過ぎないと言われています。

人間的な理解とは絶えず世界の断片化を、誤解を意味しています。世界の側からすれば、人の理解とは常に失敗の連続、誤りにしかならないのです。

手にしたものが常に間違いだとして、代わりに手に入れた正解も実は誤解の可能性が高い。だとしたら正しさを求めても、それは断片的な答えを求めることにしかならない。そうであれば、**どこかに正解があるはずだと、手にしたものをすぐさま放り投げるのではなく、摑んだ失敗や間違いを余すことなく体験し、それを徹底して味わってみる。**それがこの世界のわけのわからなさを「わけのわからないもの」としてまるごと理解するたったひとつの道なのではないでしょうか。

　私たちはどこからやって来て、どこへ去っていくのかわかりません。生きるということは、根拠付けることのできない、五里《ごり》霧中《むちゅう》の只中を生きるということで、手近な正解に回収されるはずもないのです。

　見慣れた暮らしは切れ切れの情報に支えられた事柄に過ぎないと頭ではわかったとしても、そこに強いリアリティを感じるのも嘘ではありません。ありありとした実感は覚えても、目前の現実は本当でもなければ嘘でもない。というのは、確実に根拠付けられない世界に、気づけば投げ出されてしまっているからです。

　私たちは閉じた正しさの体系に還元されるような存在ではなく、私たちの外にあるわけのわからない世界との関係性において生きています。

　ものごとの理解が間違っていたとしても、それにもかかわらず私たちは現にこうして生きています。なぜなら生きるとは、生きるという行為の中で解決されていく、決して正解のないプロセスの連続だからです。だから私たちは世界についての謎を尋ねるのです。

言葉を覚えたての幼子が飽きもせず「なぜ？」を連発するのはどうしてでしょうか。それはおそらく答えを欲するのではなく、ただ問うているからでしょう。言葉を覚え、歩み始めるとは、この世界に身を乗り出したということです。

かつて私たちは正しさよりもそうして身体を賭けた行為によって自分の生を支えるところに喜びを覚えていました。そこで起きた失敗は否定されることではなく、ただの失敗、ただの選択、ただの通過点でしかなかったはずです。

自信は「持つ」ものなのか

「この世界のわけのわからなさを『わけのわからないもの』としてまるごと理解する」と先述しましたが、この書きように「具体的にどうしたらいいんだ」と思う人は少なからずいるでしょう。「確かにそうだ」と信じられることが見当たらないと不安になるのが人の常です。だから確固とした知見を得ることで自信を持とうとするのでしょう。

日頃から「自信を持つ」という言い方を特に気にすることなく当然のように使っています。ビジネスにおいても重要なマインドと位置付けられています。心理学を応用した技巧的な方法から発奮を促すような情熱的な講演に至るまで、自信の持ち方について盛んに言及されています。

けれどもこの**「自信を持つ」という言い回しにモヤッとします。**字義通り理解すると「自分を信じる」に留まらず、「自分を信じることを持つ」というのですから、何か過剰な感じがしないでしょうか。しかも、自信を持つための様々な手法があって、ときどきの流行があるということは、確実に自信を持てる方法などないという証でしかないわけです。

「自分を信じる」という感覚がありさえすればいい、という意味で使うのであればまだしも、大抵この言い回しは「自信を持つための何か」を想定しています。

大事なプレゼンテーションを前に「自信を持て」と自分を奮い立たせることもあるでしょう。これまで熱心にリサーチしてきた日々を思い返し、「あれもやったし、これもやった。だから大丈夫」と言い聞かせたりすると思います。それで束の間は安心するのですが、たちまち「思いも寄らない質問をされたらどうしよう」とか「誰も共感してくれなかったらどうしよう」と、「もしもそうでなかったら」という疑いが心の中に湧いてこないでしょうか。

そういう経験を繰り返す中で「もしも」という想定の数を増やし、シミュレーションを抜かりなく行うことで自信の持てる技や解決する能力を高めていこうとします。いわば「不測の事態が起きた際の想定マニュアル」といった、既知の量を増やすことで対応しようとするわけです。自信の根拠は増えていきます。しかしながら意識できるかどうかはともかく、それに比例して不安も心中に広まるはずです。なぜなら、これから起きることは必ず未知の出来事で、本当は過去の既知では対応できないからです。

たとえば危険を回避するマニュアルがあって、「正しい車の避け方」という項目があるとします。それをいく通りか正確に覚えました。ある日、横断歩道を渡り始めると車がブレーキをかける気配もなくこちらに向かってきます。そのとき、どうすればいいでしょう。とっさに避ける以外に確実で正しい方法はあるでしょうか。既知に頼って、「いざ」というときに至っても「どういうふうに避ければいいんだったかな」と覚えた正しい対処法を思い出してから行おうとしたら、あっけなく車に撥《は》ねられるでしょう。知識の実行は必ず手順の遂行になるので時間がかかります。「いざ」というときの到来はいつ訪れるかわかりませんから、「いままさにこのとき」に既知で応じられるはずはないのです。

自信の持ち方を知れば知るほどに不信と不安が生じるのだということを私たちは本当は知っているのだと思います。そうなってしまうのは「意識」で自信を持とうとするからです。

意識的な行為は脆《もろ》いものです。たとえば「根拠のない自信」に出会うと戸惑うだけでなく、疑問を持つのが当然だとばかりに「なぜそんなに自信があるのですか」と、にわかに信じられないといった態度を示すことはありませんか。その上で「この人は○○をしているから自信があるのだな」と客観的な理由になりえるものを意識的に探し出して安心しようとします。他人の「根拠のない自信」は怪訝《けげん》に思っても、自らの「根拠のない自信のなさ」は疑わない。これは不思議な現象です。

職人は身体に自信が備わっている

「根拠のない自信」と聞くと、私は職人を思い浮かべます。以前、工藝や大工といった分野の職人に取材し、話を聞いたことがあります。共通していたのは、生きていくことに対して根拠のない自信があり、知っていることとできることが一致していたところです。その一致を技というのであれば、技の水準の高さが仕事の上での自信になるのはわかります。

ただし、あくまで大工であればその分野に限っての自信のはずです。できることが限られていると、それ以外のことが気になってつい不安になるのではないかと私は思うのですが、彼らは「できることがある。それ以外の何が必要なのか」と実に堂々たる態度なのです。技のある生き方をしていると抽象的な悩みというのは持ちようがないのかもしれません。そこに一個の人間としての痛快さを覚えます。

私の出会った限りの職人は意識的な自信を持っていませんでした。身体に自信が備わっています。というより身体が自信なのです。そのため他人がどうあれ自分の感覚こそが重要で、あまり人に共感を持ちたいと思っていない素振りが見られました。

ひょっとしたら彼らのような根拠のなさに耐えられる身体こそが、根拠なくこの世界に投げ出されてしまったという「わけのわからなさ」に対応できる鍵なのかもしれません。

身体が自信につながる生き方をしている人と比べて情報を集めて選び、知り得た新しい知識を相手にするような働き方をしていると身体的な技があまり身に付きません。それが仕事のあり方なので仕方ありませんが、ともかくそうした生活を送る人がコミュニケーション能力について大いに語りたがるのは「根拠のない自信のなさ」を埋めるためではないかと思います。

人の共感を得られる言葉遣いやそのためのトレーニングもそうです。不安の穴を「こうすれば心配無用」といった情報で補おうとします。コミュニケーションという生身の人間同士の間で行われることですら、情報で紐解《ひもと》いた関係性を知りさえすれば、うまくいくと思っています。でも、それは「他人にどう見られているか」を念頭に置き、そのイメージをコントロールすることで利を得ようとしている態度だともとれます。

ノウハウを知り、情報を刷新するとは、自分から固有さを剝《は》ぎ取り、情報に置き換える方法に熟知することも意味しています。そうすれば最新の事柄に精通できても、徹底した自己へのこだわりを失い、自信が揺らぐことにもつながります。知れば知るほど「○○はもう古い。これからは○○だ」といった比較がいろんな場面で生じるので、気持ちに落ち着きがなくなります。「あれよりもこれがいい」と考えることは、「いま自分が実際にできること。その上で自分がやりたいこと」といった現在地の自分をおろそかにするからです。自分という存在はいまここにしかいないにもかかわらず、到来していないこれからを思い描くことは、本当に自分を刷新すると言えるでしょうか。

職人のもうひとつの特徴を挙げると、迷惑とワガママをさほど顧みない生き方をしているところです。自分のやり方にこだわって妥協しない態度は、みんなと一緒の共同作業には向いていないし、折り合いをつけたい人にとっては迷惑です。気に入ったものが作れなかったからやり直す。納期を守れないのは発注した側からすればワガママです。ものづくりの仕事を垣間見ての私の感想は、己を徹底してしか行き着けないし、だからこそ見える景色があるのだなということでした。

私たちはあまりに自信が宿らない身体をしています。身体に根を張る具体的な生き方を支える技がないからでしょう。その代償としてコミュニケーションとそこで得られる共感を頼りに、自身の価値を「いいね！」をはじめとした他者からの評価で得ようと躍起《やっき》になっています。それではいつまで経っても肯定感は得られません。「だったら職人になるしかないのかな」と思う人もいるかもしれません。それも悪くないでしょう。

一方でこういう発想の罠は、現に問題だと感じている出来事への対応が「もしも職人になったら」と想定することになっていて、相変わらずいまの自分を無視しているところにあります。**どんなに情けないと感じても、ここにいる以外に自分はいないのだから、そこから始めるしかない**のでしょう。想像ではなく具体的に考えてみる必要があります。肯定感がなかったり自信がないと思うのはどういうときでしょう。

たとえば会議で声の大きい人や理路整然と発言している人を見ると、途端に気遅れするとします。物怖じするのは仕方ないとして、なぜか「恥ずかしがりで臆病だから自分はダメだな」と責めるのがお決まりになってしまうことはありませんか。反省して家に帰り、エモーショナルな講師による動画を見て一時的には発奮する。でも、朝起きてもいつもの自分のまま変わらない。そうして毎度同じルートを通るように誰があなたを案内しているのでしょう。

声は小さいし、論理立てて話せるか自信がない。そのため感じていることや思っていることがあったとしても、「知識がないから自信がない」とか「正しいかどうかわからないから」といった理由であれこれ考えを巡らせ、口に出すのをためらってしまう。そうした自分の中で発生し、活発さを奪う重力に注目していくと、恥ずかしがりで臆病なことよりも、この「ダメ」という決めつけがわざわざ自分への信頼を奪い去っていく様子に気づくでしょう。

恥じ入ったり身を縮こませるのも、いまの環境に対するひとつの反応と思えば、必要以上に腰が引けることもないはずです。ダメの一色で自分を塗りつぶすのではなく、自分の感じていることをちゃんと味わう。臆病になっているなら、そこで自分が能動的にできるのは慎重になることでしょう。そうすれば状況に完全に飲み込まれずに、ギリギリのところで主体的でいられるし、いつもの「自分はダメだ」とは違う抜け道が見えてくるのではないでしょうか。

自信は客観的に所有できないし、徹底した主観の中にしか宿りません。「職人みたいに主観的になれば本当の自信がついて、自分のやっていることに疑いを持たなくなる境地に辿り着ける」と思って真似したところで、単なる思い込みで終わるでしょう。人はそれほど単純な仕掛けで生きてはいないからです。

職人のような自信と思い込みによる妄信の違いはどこにあるでしょう。まずは無闇《むやみ》に自分を信じたところで、言っていることとできることが一致していなくては話になりません。根拠のない自信の根っこにはあくなき探究心と技を求める切実さがあります。彼らのこだわりを社会的な価値で捉えると共感しづらいところもありますが、己を貫くには緊張感が必要です。それは他人から「どう見られるか。その期待に応えるために何をすべきか」と強いられて生じるようなものではありません。妥協を許さない緊迫感は妄信という甘さに浸ることを許しません。知識としての「答え」ではなく体得しか信じていないところに、彼らの強さがあるのだと思います。

こんなにも情報が溢れている社会ですから、あらゆる事柄について「答えのようなもの」を誰かがすでに説明しているかもしれません。しかし、誰かは私ではないので、その答えが私に当てはまるとは限りません。

私たちは自分が感じていることよりも他人の提示する正しさに従ってきた結果、自由に発言し、自分が何者かを述べることに恐れを抱くようにすらなってしまいました。必要なのは誰からも認められる知識を増やすのではなく、私の身体が何を感じているのか。その理解を深めることでしょう。

情報化社会では、情報をもとに考えることが大事だとされていますが、思考の出発点は体験に基づく感覚です。体験はライフハックできないことです。ものごとを感じ、そこから思いが生まれ、考えるようになる。考えること単体では思考は成り立ちません。思考だけに頼ると、「もしも」の想定に心が乱れ、身の内に恐れが募ります。不安と恐怖の高まりは、それだけでは生きていく上で危険だからと感覚が、身体が訴えているからではないでしょうか。

不安や恐怖の高まりは、「情報収集や考えることだけでは危険、体験に基づく感覚がないと」と身体が訴えているから?

4

感情をめぐるモヤモヤ

金曜日の夜に

過日、発車間際の電車に乗り込んだものの、「もう一軒付き合えよ」と言ってはしゃいでは、同僚を呼び込もうとして何度も扉が閉まるのを防ぐことを繰り返す酔客がいました。週末ということで会社帰りに一杯引っかけたのでしょう。本人はご機嫌な様子です。つい気が大きくなったのか、他の乗客が顔をしかめるのも眼中にないようです。

扉の開け閉めが繰り返された後、近くに立っていた三十代前半と思しき革のジャンパーを着て、エンジニアブーツを履いた男性はチッと舌打ちすると、スーツ姿の五十代くらいの会社員に向けて「速く乗れよ」と言い放ちました。

会社員の男性は興醒《きょうざ》めした顔で私のすぐ横にでんと尻を据えるとスマートフォンをおもむろに取り出しました。私は読みかけの本に目を落としたのですが、ふと気配を感じて顔を上げると扉のそばに立っていたはずの革ジャンの彼がつかつかと近づいてきます。

「おまえ何撮ってんだよ」と片手に握ったつり革に体重を預けて、上から覆い被《かぶ》さるような勢いで会社員にドスの利いた声を浴びせます。

「さっき俺に言われたのが気にいらねぇのか」

彼の言うところでは会社員が席に座るなり自分を撮影したと言うのです。

「撮ってねぇよ。おい、なんならいまから撮ってやろうか？　え？」

私はふたりのかけ合いの成り行きを見つつ、スッと視線を他の乗客に向けると、**さっきまで酔った男の振る舞いを凝視していた人は目前の口喧嘩にまるで何事も起きていないかのような顔つきでこちらを見返します。**腕を組んで目を閉じている人は寝ているわけではなく、そのしかめ面は「みっともない。他所《よそ》でやってくれ」と言いたげでした。他にも革ジャンの男のあからさまな怒気に触れ、最前まで静かだった車内からすれば場違いな振る舞いをどう扱っていいかわからない、フリーズした表情をする人もいました。

「出るところ出ようじゃねぇか」

「警察か。行ってやるよ」

互いのやり取りが膠着《こうちゃく》し始めたので、私は会社員に「ちょっと見せてもらっていいですか」と声をかけ、スマートフォンのフォルダに画像がないのを確認した上で革ジャンの男に「撮ってないみたいですよ」と言うと、彼は「いま消したんじゃねぇのか?」と不満を漏らしつつ、また扉のほうへと戻ります。電車が終点に着いたので、ふたりがそれぞれ別の方角に歩いていくのを見届け、私は改札へと向かいました。

怒りは何も生まないのか

喧嘩が収まってよかったとは思ったものの、どうも腑に落ちません。原因は車内の雰囲気でした。誰かが怒っているとき、腫《は》れ物に触れるような態度ならまだしも無関心を装う。遠巻きに見て自制心が足りない人として軽く扱う。こうした態度に納得しかねたのでした。

私が目撃したケースだと暴力沙汰に発展しかねないので、巻き込まれることを恐れて手をこまぬくほかなかった人もいるでしょう。でも、これが会議とか議論とか、いくらヒートアップしても言葉の応酬を超えないという暗黙のルールがある場だと、**怒っている人がいたら必ずたしなめようとする人**が現れます。怒りをちゃんと扱おうとしない。

冷静に話すことを重視する人たちが強調するのは「怒りは何も生まない」です。怒りは当たり前ですが、個人的なものです。しかし、「何も生まない」という考えは、怒りの発露をワガママであるかのように扱いかねません。怒りに対して努めて冷静であろうとする物腰に、むしろ怒りを怖れ、忌避《きひ》する様子を見て取ります。「感情的に話しても理解されない」と諭すのは、「それでは伝えるべき意味が受け取られない」と考えているからでしょう。

けれども、仮にあなたが怒り心頭に発しているとしたら、「私はこういった正当な理由で怒っているのだ」などと意味を伝えたいでしょうか？　怒りでわなわなと震えるような、もっともらしい理屈では言いようもない怒りは、そのまま「怒っている態度」として表すほかないわけです。「感情的に話す」ことが怒っている状態を伝える上でもっともストレートな表現です。であれば、「それは良くない」などと他人に自分の怒りを奪われる筋合いはありません。

では、「怒りは何も生まない」はどうでしょう。歴史を振り返れば、虐《しいた》げられていた人たちの怒りが世の中を変えもすれば、怒りがものごとを前進させてきた例などいくらでもあります。むしろ感じた怒りを抑え、出すべき声を控えては現状に甘んじるばかりになってしまいます。特にいまのような時代において「**怒りは何も生まない」という言説がもたらすのは、怒りを情熱に転換させる道筋を断ち、無力感を覚えさせる**ことではないかと思います。

感情は身体から湧き出るもの

もちろん衝動に任せてしまって怒りの感情のコントロールが利かず、暴言を吐くようなパワーハラスメントは認められるものではありません。これについては後述しますが、「抑制できず、つい衝動で言ってしまう」といった**パターン化された感情表現は身体の内側から湧き出る感情と似て非なるもの**ではないかと思います。

怒りは身体から発します。「腹が立つ」という言葉を聞けば、怒りの感情表現だとすぐにわかると思います。とはいえ、頭では意味を理解できたとしても、本当に腹が「立つ」という感覚が怒りそのものであると体験し、納得している人はどれくらいいるでしょうか。

『平家物語』で「ふくりふ（腹立）」と表記されていることからわかる通り、「腹が立つ」という身体を伴った表現はこの島で暮らす住民にはおおむね馴染みがあるかと思います。

長らく親しまれた慣用句のためつい見逃してしまいますが、ここで言う「腹」は西洋の解剖学の知見が輸入される以前から人々が口にしていたことなので、腹腔だとか腹筋だとかが指す部位ではありません。では、古人の感じていた腹はいったいどこを指しているのでしょう。腹と言えば力を込められる腹筋を想像しがちな現代人とは感覚的に隔たりがあるかもしれません。さらにはその腹が「立つ」に至ってはどうでしょうか。私たちは「立つ」という尖《とが》りをまざまざと感じられるでしょうか。「立つ」の実感が難しいのであれば、「腸《はらわた》が煮え繰り返る」など体感するにはなかなかハードルが高いと言えるでしょう。どちらかと言えば「腹が立つ」よりは「ムカつく」や「キレる」「頭に来る」のほうがわかりやすい。ムカつくのは胸であり、「キレる」は脳の血管、「頭に来る」は文字通り頭部です。

ここからわかる通り、身体を伴う感情表現の場所はどんどん上昇しています。そして、いまでは怒りは頭を通り越して空間に漂っており、クラウド化している傾向が多分にあるようです。炎上騒ぎがいい例ですが、自分の身に起きたことではない出来事に対して多くの人が怒りを募らせるのは、あたかもサーバーに上げられたデータをダウンロードしているのにも近いように思えます。

このように身体を離れ、実感を伴わない一方で、怒りはなだめるべきものだし、中和させていくのが望ましいという見解が広まりつつあるのは興味深い現象です。

怒りをなだめる人たちは怒りの感覚を本当に味わい、体験しているでしょうか。怒りの発露にあるべき姿からの逸脱のサインを読み取り、それをともかく正そうとする人は、冷静さや平和、穏やかさを愛するからではなく、激した姿や怒らざるをえない生々しい現実を受け止めきれないだけかもしれません。

また「まあまあ、言いたいことはわかるけど」と怒りに理解を示し、あたかも翻訳するかのように、言い分を説明してみせる人もいます。他者の経験を社会的に価値付けられるようにしているとしても、その人の怒りと向き合っていると言えるでしょうか。

常に冷静で穏やかであるのは、生物としては極めて不自然でも社会的には望ましい姿です。職場環境も一定の調子に揃えることができますし、感情に煩《わずら》わされない分、生産性もよくなるというわけです。しかし、人間は工作機械や人工知能ではないし、常に効率を考えたり職場の人間関係に受け入れられるために生きているわけではありません。

感情的になっても有意義なことはないし、生産性がない。そうして感情を意識的に抑制していけば、いつしか感じていることに価値を置けなくなり、体感を抑圧することになっていくでしょう。ただでさえ空気を読むことが不文律《ふぶんりつ》の掟になっているのであれば、なおさらみんなとの和合のために自分の感情を封殺するほうに向かうでしょう。

「みんながそう言っている」「みんなのため」「普通は～でしょう？」と様々な言い方はされても、「あなたはどう思う、どう感じる？」と大事な局面であればあるほど聞かれることはありませんでした。そうして間接的に、体感を否定することが社会を生きる上で大事だと教えられてきたのです。

身体のない「意識的感情」

感情が確実に身体を伴わなくなっており、いま私たちが「感情」と呼んでいるものは、もはや意識でコントロールできる装置めいたものになっています。セクシャリティや人種など属性を差別するような言動であっても、それがビジネスパートナーや友人の発言であれば、関係にヒビを入れたくないからという理由で甘受すべきでしょうか。「ここは怒りを抑えるべきだ」と自分に下す命令で感情を抑え込むことができるとしたら、それは冷静というよりは意識的に操作できるものになっているはずです。そうなると激昂や悲憤慷慨《ひふんこうがい》は野蛮の証と受け取る感性が常識となっていくのも当然です。感情は庭師が手入れした木のようにきれいに切り揃えられ、荒々しさは趣向としてはよくても、本当に自然そのままの発露であってはならないのです。

けれども本来ならば感情は表れるものであって、封じたり我慢するものではありません。意識的にコントロールするため表出にならず、突然キレたりといった逸脱や暴走になってしまうのではないでしょうか。

身体が必要なだけ訴えている感情の輪郭を把握する術を私たちは失いつつあります。そこでみなさんに試みて欲しいことがあります。先ほど「身体を伴う感情表現の場所はどんどん上昇しています」と記しました。逆にこれを下降させていくとどうなるでしょう。想像してみてください。クラウド化された空間上の怒りから頭、胸、腹へと感覚を徐々に降ろしていったとします。どこまで実感が持てるでしょうか。先人と現代人では腹が感覚的に同じ場所かわからないと言いましたが、「腹に落ちる」「腹を割る」「腹が据わる」といった慣用句から連想されるのは、腹による体感は意識が介入し、コントロールしてはあれこれと迷うといった余地が生じにくいらしいということです。

そうなると「腹が立つ」には「なんだかモヤモヤする」といった不透明さはなく、明確に「立つ」感覚が伴うということがわかります。立っているのだからどうしようもない。意識的に「冷静になれ」などと言ったところで紛らわしようがない。だから腹いせに何をするかといったら暴飲暴食とか路傍《ろぼう》の石を蹴り上げるとかの八つ当たりです。言葉による沈静ではなく、必ず行為が生じることで腹立ちも紛れるわけです。

何かものごとが起きたことを受けて感情が生じます。そういう意味では受け身かもしれませんが、確固とした身体から発した感情には能動性があります。だから、「自分が怒ると周りの迷惑になるだろうか」といった社会性が登場する余地はあまりありません。なぜなら立腹は至って個人的な出来事であり、だからこそ本人にとって大事な感情だからです。

いつでも感情の抑制を利かすことができるとしたら、それは他人に受け入れられる

「あるべき姿」として仕付けられ、選ばれた「意識的感情」とでもいうべきものです。発火するような、ものごとに直接応じるような感情表現ではありません。想定された感情なので拠点となる主体がなく、つまりは身体がない。「腹が立つ」といった怒りの表明は「いま・ここ」にいる私の身体に根ざしています。しかし、身体のないイメージの感情なら私の怒りは表していいかもわからない、常に曖昧なものにならざるをえないでしょう。

他人からの理不尽な攻撃や不快な言動を受けてすら、怒っていいかどうかわからなくなるのは「怒ると相手に嫌われる」とか「場所をわきまえないといけないのではないか」といった社会性を優位に置こうとする意識が瞬時に介入するからでしょう。私だけの怒りを味わいもせず、体験もしない。それは冷静さとは呼べず、ネグレクトに近いかもしれません。

私の基盤が身体になく、怒りの輪郭が明らかでないのであれば、何が自身の行動の指針になるかと言えば空気との同調でしょう。そのとき「どういう空気であるか」を問わなくていいのは、何より空気であることだけが大事だからです。

「本当は嫌だけど周囲に合わせた」といったことで自分の行動を説明することがある

かと思います。この言い分が示すのは、雰囲気が息苦しくても本質的には構わないということです。「居心地が良い」とはそこに馴染めるかどうかの慣れの問題であって、体感として心地良いとは限らないかもしれません。そうでもなければ嫌なことをし続けられないはずだからです。

ここまで話を進めると次第に明らかになってくることがあります。パワハラに見られるような、些細なミスであっても暴言を吐く機会と捉えるような執拗さで怒りが表明されるとしたら、これは本当に身体に根を持った怒りなのか？　ということです。衝《つ》き動かされるとは、そのときその場でしか起こらない一回性の出来事のはずです。だから「抑制できず、つい衝動で言ってしまう」が執拗に繰り返されるとしたら、それは慣習化された反応にほかなりません。いわば「レモンを思い浮かべたら唾《つば》が出る」といった条件反射であって、怒りとは別の企《くわだ》てがあることになります。そのことに気づかないからこそ、私たちは無闇に怒りを避けたがるのかもしれません。

記憶が作り出す怒りと感情のパターン

繰り返される条件反射の怒りは感情の発露に行き着かず、いつまで経っても治らないじくじくと膿《う》むような感覚を身の内に残します。それだけではなく周囲の人を萎縮させ、不穏な気持ちにさせます。

スポーツにせよ力仕事にせよ、力を出し切るとクタクタに疲れはしても、清々《すがすが》しさを感じることはありませんか。それと同じで感情もひとつのエネルギーですから、思い切って放出すれば気持ちも晴れやかになります。泣いたら妙にすっきりしたり、怒ったら憑《つ》き物が落ちたような経験は誰しも持っていると思います。

ところが条件反射の怒りには、その爽快さがありません。というのも、わざわざ過去を思い出して怒りを募らせるという、記憶に囚《とら》われた心残り＝念があるからです。先に指摘した「慣習化された反応」とは、念を巡って発動するメカニズムに基づいているのだと思います。

さて、記憶と怒りの感情の関係性についてこれから述べていきたいのですが、実例として私の家族を取り上げ、自分の体験から説明したいと思います。

我が家にはお茶を飲んで菓子を食べつつ、何気ない会話でほっとする。そんなどこにでもあるような家族の風景などは皆無で、絶えず張り詰めた空気が漂っていました。緊張を走らせる原因は父です。物心ついた頃から私の父についての印象と言えば、とにかく怒っている。記憶の大半が怒りのシーンで彩られているといっても過言ではありません。

よその家庭では成績がよくないとか行儀が悪いとか、そういうことで怒られると聞くたびに不思議な思いをしていました。なぜならテストで九七点を取って「さぞかし褒められるだろう」と思って答案用紙を見せると、父は烈火《れっか》のごとく怒ったからです。**「あと三点取れないところにおまえの甘さがある。どうせなら一〇〇点か〇点にしろ」**と言い放ちました。きっと〇点だとさらに怒るはずなので結局は一〇〇点しか許されないのです。勉強も喧嘩もとにかく「いちばんになれ」「勝て」が口癖でした。勝つこと以外に人生の選択肢がないような生き方を父はしてきたのです。

先日、実家に帰った際に母が私に相談を持ちかけてきました。庭には植えて五年になる桃の木があったのですが、いくら待っても実を結ばないことに腹を立て、父はその木を切り倒してしまいました。さらには母が育てていた花が萎《しお》れてしまい、培養土を足して水をやり様子を見ていたところ、気づけば父が引き抜いてしまっていました。「断りもなくなぜそんなことをするの？」と難詰《なんきつ》したわけではなかったのは、父の性格を見越してのことでしたが、それでもあまりにも不可解すぎたので少々強い調子で問うたところ、父は返事もせずに部屋にこもってしまったというのです。以前なら自分の行いに疑念を抱かれただけで怒ったでしょうが、流石《さすが》に老齢もあって機嫌を損ねるというレベルで怒りを表現するようにはなっていました。

長年そばにいる母にも今回の父の行動はあまりにも謎だったようです。理由を尋ねられた私はこう答えました。「弱いものを見るのが耐えられないんだよ」。

ひどく傷ついた悲しい経験が元で

早くに実父を亡くし、七人兄弟と数は多くとも誰からも庇護《ひご》されず、どん底の貧乏暮らしにおいて、父は水を飲むことでしか腹を満たせなかった日もざらにあったそうです。将来を夢見ようと思っても、周りには貧困がもたらす低劣な生活にひしがれ、酒に溺れて正気を失っていく大人たちしか見当たらない。世間はそんな姿に自堕落の烙印《らくいん》を押すばかりで、子供の力では変えようもない事情を理解してはくれない。やがて父は故郷を飛び出し、誰の援助も受けずに起業し財を築き上げました。

差別や貧困に傷つき、打ちひしがれた人を見ることで傷つく感性というものがあります。そこにかつての無力で立ちすくむほかなかった幼く弱い自分を見るのです。どうすることもできなかった現実は歳月がいくら経とうともずっとどうしようもないままです。

怒りに対置するのが悲しみとすれば、父はひどく傷ついた悲しい経験をしたのだと思います。だから、そんな思いはすまいとひたすら強くなろうとしました。弱さの否定によって強くなろうとしたのです。けれども、それは決してかないません。なぜなら幼い頃に無力だった自分がいつまで経っても心の中にあり続けるからです。

父の怒りの引き金は「弱さ」です。彼は他人の弱い姿に我慢がなりません。努力をしていないから弱いのだと思い、怠慢さを責めるでしょうが、それはあくまで投影です。自身が「傷ついた」という弱さを受け入れるわけにはいかないのです。その葛藤のエネルギーが怒りとして噴出し続けています。

常に怒りをたぎらせている。それが父の生きる力の源泉になっており、だからこそ

「私は傷ついた。それは決して癒やされることがない」というストーリーを繰り返す必要があります。こういったメカニズムが慣習化された怒りの感情を反復させ続けているのだと思います。

では、再現され続けるストーリーを意識的に止めることができるでしょうか。長年かけて念入りに養われてきた意識なのですから、それを意志の力でコントロールし、変えることは至難の業です。自分の書き慣れた字を意識的に他人のように書くと想像すると、その難しさが想像されるでしょう。仮に心理療法のテクニックで怒りを抑えられたとします。あくまで外形の行為に抑制をかけることはできるでしょう。しかし、その人の体験の意味合いが変わらない限り、怒りは潜在したままです。

「正しくあらねばならない」という葛藤

ここまで怒りの感情を主題に取り上げてきました。なぜかと言えば、第一章で述べたベビーカー問題をはじめ、物議を醸す出来事に対し、「**迷惑とワガママ**」**とラベリングする人のほとんどが実は怒りの感情をたぎらせている**と思うからです。私はそこに怒りのメカニズムによるパターンを見て取ります。「迷惑をかけるな」「それは自由ではなく単なるワガママだ」と非難する人は、社会規範や社会秩序を信奉し、それを乱すことが許せないのです。裏を返せば、従来の規範や秩序の幅を広げて現実を変えるよりも現状を受け入れることが大事。いわば「正しくあらねばならない」とかしこまる信念を持っていると言えそうです。そういう人は誰かが自分の信じる正しさを乱すと、傷つく感性を持っているのではないでしょうか。人それぞれに受け入れられない過去があったと想像することが難しくないのは、自分の胸に聞けば思い当たる節がいくつもあるからです。

「正しくあらねばならない」という考えは葛藤の存在を示しています。「そうでなければいけない」と言えば言うほど明らかになるのは、当人が決して現状に満足していない様子です。本当は受け入れたくはないけれど、そうせざるをえなかった。そんな出来事がかつてあったことを暗示しています。嫌々ながら受容した後、どういう展開を経て他人に怒りを向けるようになるのでしょう。私に即して言えば、こういった筋書きを辿りました。

最初は「そうしなければいけない」と親に言われ抵抗したけれど、そんな態度をとると「ワガママばかり言うな」と怒られ、「世間を知らないから、大きな口が聞けるのだ」と叱咤された。いつしか甘えた自分を恥ずかしく感じるようになり、私はかつての幼い自分に別れを告げることにした。その結果、成長することができたし強くもなれた。断念に見えるかもしれないが、大人になるとは、社会で生きるとはそういうことのはずだ。なのに、なぜおまえは私がしたように弱い自分を克服しようとしないのだ。

「したくなかったことを受け入れる」ことで確立した信念は葛藤を生じさせます。なぜなら「私が私ではない者になる」プロセスだからです。幼い私は、それを「傷ついた」と素直に言うこともできませんでした。引っかかりを覚えて立ち止まれば、感傷的で優柔不断な弱さとして扱われたので、悲しいという感情に自身が寄り添えなかったのです。

葛藤は克服といったそれ自体が葛藤に溢れる物語を人生にもたらし、弱い己に打ち克つことが人生を前進させるというふうに錯覚させます。親から子へ、社会から個人へ「正しくあらねばならない」という教えを伝えるのは、実は信念と葛藤がもたらすストーリーを繰り返すことを次世代に要求しているだけかもしれません。同じ轍《てつ》を踏ませるのはなぜかと言えば、自分の人生を無価値だと思いたくないからです。

私は父との関係性をそのように捉え、連鎖を断とうと決めました。その選択の中で見えてきたのは、「正しくあらねばならない」という物語は生存のために採用されたということです。誰しも自身を認められたいし、価値ある存在だと思われたい。幼い頃に「したくなかったこと」を受け入れたのは、親や教師をはじめ外部の承認を得るために仕方なかった選択でした。そうでなければ生きていけないと思った以上、自分の気持ちを犠牲にするほかありません。その対価として社会的に承認されはしました。

しかし、根底に「わかってくれない」という悲しみがあります。そこから生まれる怒りは、「自分にはわかってもらえるだけの価値がない」という無力感と表裏一体です。

癒えていない傷と虚しさがもたらす飢餓感は強烈な記憶としてずっと疼《うず》き続けているはずです。傷と虚しさに触れるような他人の言動は耐え難い痛みをもたらし、そのリアクションは怒りのパターンとして現れるでしょう。本人には衝動的に感じられてしまうのは、怒りをめぐる物語が自覚されていないからです。

常に怒っている父がいる環境で育ったので、私にも父のようなパターンが備わっていました。たとえばレストランに入って席に着いてしばらく経つのに、一向に注文を聞きに来ないと途端にイラッと怒りがこみあげてきます。サービス業なら機敏に対応して当然だ。悪いのは自分を苛立たせる店員だ。そう思っていました。でも、一緒にいる友人は「いま忙しいから手が回らないんだな」とのんびりとした態度で待てます。怒りの原因は店員にあるように見えて、本質は「自分の期待通りに他人が動かないこと」にあると言えます。

この心中の苛立ちは「短気だから」で片付けられるものではないと、いつしか気づくようになりました。怒りに身を任せきることなく、その発火点を観ていくと、私は急かされ、怒られた昔の自分を見出します。かつて私が萎縮し、悲しくて仕方なかった体験を店員に味わわせていたのです。そうして**再現してみせることで、「私は傷ついたし、怒っている」と受け入れ難い過去があった事実をひどく回りくどいやり方で自分に見せていた**のではないかと思うのです。この怒りは発散されることはなく、怒るたびに解決されていない痛みを生じさせます。

けれども痛みを感じるのは紛れもない事実ではあっても、身体に根を持つ感覚ではありません。感覚はこの一瞬一瞬に起きては去っていきます。もしも繰り返し味わえているとしたら、傷んでいる身体のもたらす痛みではなく、記憶の中のイメージの自分が作り出しているはずです。「私は傷ついた」という憐憫《れんびん》がもたらす幻覚の痛みとドラマを抱えている人は私に限らず、とても多いのだと思います。

ドラマの筋書きは「正しさとの照らし合わせ」です。人に教えられ、自分でも信じた正しさから逸脱していないか、常に再確認します。ここで言う正しさは公正や正義を意味しません。「みんなと同じである」という同質性に正しさの根拠が置かれている場合も大いにあるので、正しさはときに長いものに巻かれることや出る杭を打つ立場にまわることを促しもします。

「みんな」が「自分にはわかってもらえるだけの価値がない」という体験を同じようにしていたとしたらどうでしょう。「迷惑とワガママ」のジャッジが「みんなが迷惑だと感じている」「みんながそんなワガママをすれば世の中はおかしくなる」と論拠なく「みんな」をあてにできるのは、同じような体験で犠牲を払った記憶を多くの人が共有しているからではないでしょうか。それが意識化されない文化として、私たちを抑制する空気を醸成することになっているのかもしれません。

ひょっとしたら私たちの信じている善悪や正誤は自らの試行錯誤の体験を経たものではないのかもしれません。葛藤に満ちた記憶を未処理のまま、築き上げた価値観を社会規範に合わせてカスタマイズしているだけかもしれないのです。

けれども自分の人生から立ち上げた価値でなければ、私たちは満足を得られることもなければ、自らを信じることもできないのではないでしょうか。

「対立と分断」自体は問題ではない？

これまでに私は「与えられ、信じられた正しさ」が私たちに何をもたらしたか、について述べてきました。正しさについてネガティブな印象を持った人もいるかもしれません。けれども私は正しさを忌避したいのではありません。むしろ正しさをおざなりにすることなく考えていきたいのです。

何かを選ぶ際、私の感覚に基づいて判断するしかありません。最終的には知識や他人の経験に頼れないのは、私にとっての現実はあなたのそれとは違うからです。私の人生は他人事ではないのだから、自らが正しいと思うことを試し、実際に生きてみて何が正しいかを検証するしかありません。

正しさにまつわる問題があるとしたら、正しさに取り憑かれて視野が狭くなることです。まずは体感に導かれることによって正しさの感覚は訪れます。素朴な感性に従った言葉を口にすることによって掘られた穴に落ちるのは他人ではなく、いつも自分です。そのことを指してあれこれと案じる人は、「正義は暴走する」と言うのかもしれません。だから中立公正が大事だと諭す人もいます。

中立公正が価値あるものだとしても、自らの正しさを放棄すれば得られるものではないでしょう。中立公正の立脚地は両極端の考えのちょうど真ん中に位置するのでもなければ、両論併記によってもたらされるものでもありません。中立公正なり両論併記といった言葉を用いる自分の立ち位置はどこなのか。自分が口にする言葉は何によって作られているのか。言葉の外の働きに注意しなければ、自らが話す言葉の枠組みは見えないでしょう。

他人はともかくまずは私にとっての感覚的な正しさがあります。そこから始めるからこそ私を離れた「正義とは何か？」という抽象の概念を私以外の人と共に問うことができます。そこに公共性が立ち上がってくるのではないでしょうか。
しかし、私たちが空気を読みあうことで成り立つ世間には、私にとっての正しさや公共性よりも優位に置かれるコンセプトがあります。それは「**みんながそう言う**」「**みんなそうしてやってきた**」**に裏打ちされた、慣習としての「正しさ**」です。

「みんな」に合わせてきた結果、自分の感覚に基づいて話し、行動するという独自の歩みは独善的でワガママだと見なされるようになってしまいました。生きていく上での第一歩を「みんな」に委ねたことで、私の感覚と考えに従うことを容易に「放棄」できるようになったのです。正しさを等閑視する感性はここに根ざしているのかもしれません。

そうなると、中立公正や両論併記を無闇に持ち上げても、一筋縄ではいかない現実に対して慎重な態度にはならず、独自の考えを止めることにしか行き着かないのだと思います。

「正義とは何か？」と問うことが空気や和を乱すのは、不文律の暗黙の了解を許さないからです。そして人間は神ではないので、そもそも「絶対的な正義」を体現できません。せいぜい正義とは何か？　と問うて実践し、ときに逡巡《しゅんじゅん》し、問い続ける中でしか示されない道を歩み、探求していくことでしょう。

　空気を読み、和を尊ぶ姿勢は自分が相手に譲《ゆず》ることを前提にし、それを相手にも期待するからこそ成立するのだとすると、自分が正しいと信じている姿はとても頑なに見えます。この場に対立をもたらすので居心地の悪さ、気まずさをもたらします。

　しかし、正義を問うことが対立を生むのだとしても、それのいったい何が問題なのでしょうか。分断されるからいけないのでしょうか。本当のところ対立の何が問題だと私たちは感じているのでしょう。分断とは、つながっていたものを分けて切り離すこと。対立はふたつのものが反対の立場をとることを意味します。対立自体は分断ではありませんし、それ自体に善し悪しはありません。

　コミュニケーションの重要さと共に「対話が大事だ」というのはよく耳にすることだと思います。対話はどうすれば成り立つでしょう。それは対立があってこそです。横並びでは対話にはなりません。私の前に異なる考えを持つあなたが相対しているからこそ対話が始まるのです。そして、対話は互いの理解に至るとは限りません。むしろ理解し合うことをゴールにしては、本心はともかく丸く収めて握手すること自体が目的になってしまうでしょう。それは寛容なのではなく、自分の立ち位置がわからないからこその後退かもしれません。

譲らないのは気まずいかもしれませんが、それが終わりではなく対話の始まりだとは考えられないでしょうか。**互いに理解できないから行き止まりなのではなくて、その「理解できなさ」を巡って鎬《しのぎ》を削ることが大事**で、それは対立ではあっても分断ではないでしょう。

私たちの感情や信じている「正しさ」は、自らの体験を経たものではなく、社会の価値観に合わせてカスタマイズしたものかもしれない。

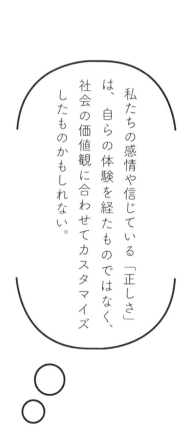

5

教育をめぐるモヤモヤ

保育園から聞こえる声

閑静な住宅街の一角にあるマンションに住んでいた頃、すぐ隣に保育園がありました。登園の時間となると子供らの歓声が聞こえ、普段は落ち着いた空気の流れる一帯がにわかに活気づきます。彼や彼女らの挨拶と笑いと喜びとが分かち難い声音はとても耳に心地良いものでした。

かつて自分もそうだったにもかかわらず、大人になると不思議に感じるのは、なぜ子供は身体の大きさに不釣り合いに思えるような、あんなにも大きな声でしゃべるのだろう？　ということです。電車やレストランでそばにいる親が周囲を気にして口に指を当ててシーッと静かにするよう注意する光景を見たことはあるでしょう。家の内と外とを問わず声の大きさが変わらない。幼さゆえに時と所とを分別する常識がまだ身に付いていないという説明にどうも落ち着かないのは、そう言ってしまうと何か大事なことを見落としている気がするからです。

たとえば家路の途中で親が「もう行くよ！」と子供を促す姿を目にしたことがあるでしょう。何度目かの声かけにもかかわらず、子供は聞く耳を持っていません。何を見ているのかと思えば、こちらからすれば変哲もない路傍の花です。じっと見て離れない。

あるいは行列をなす蟻《あり》を屈《かが》みこんで見て、その場から動こうとしない。あれほどまでの近さで気になるものやことに向かえたのは、集中力があるという説明は賢《さか》しらに過ぎて、ぴったりとくるのは「気持ちと行いとがずれていない」になるのではと思います。

子供らの声の大きさもまたそうではないでしょうか。保育園から私の住む部屋まで流れ込んでくる声。子供らが遊戯に勤《いそ》しみ笑い、泣き、叫ぶことはしゃべるのとほとんど分かれていません。彼や彼女は身の内に声をくぐもらせることをきっとまだ知らないのです。思いの丈にふさわしい厚みで話そうとするから、その子の身体にとっていまぜひとも必要な声の大きさになってしまう。だからいくら注意されても、声量は変わらない。

幸せとは何かをはっきりとは言えないけれど、毎朝子供らの声を聞くたびに幸福のさしかける光彩を感じていました。と同時に幸せは形に求めることはできず、ある状態の中にしかない、決して永続しない儚《はかな》いものだと理解させられたのは、歓喜の声に満ち溢れる中に別の声が響き渡るようになったからです。

ある時期を境に男性の保育士の声が聞こえるようになり、しばらくすると園庭でただ走り回っていたはずの体操のカリキュラムが整列や行進といった内容に変わっていきました。保育士はホイッスルを吹いて「指をきちんと揃えて！」と前へならえをさせたかと思えば、「ほら、ちゃんと周りを見て！」「手をつないで仲良くだよ！」「回れ右！」と号令をかけます。その声を耳にするたびに「いったい何を教え込んでいるのだ」と不穏な気持ちになりました。

この時世に保育士になるくらいですから、彼はきっとまじめに仕事に取り組もうとしているのでしょう。でも、その懸命さを何に向けて発揮しているのかについて考えていないのかもしれません。なぜなら私にはホイッスルを吹いて子供を従わせることと、動物の家畜化との違いがわからなかったからです。

同時に求められる個性と協調性

子供の声がうるさいと保育園にねじ込む住民がいるとニュースで報じられています。

その人たちの気持ちはさっぱりわかりませんが、「子供に対する指導がおかしい」と談判に及ぼうと何度か思ったことがありました。しかしながら彼のような指導によって「社会性が学べる」と評価する親もいるかもしれないと思うと二の足を踏みました。

それにしても彼の言動はいまどきの風潮を示唆しています。なにせ「きちんと・ちゃんと・仲良く」。おまけに「回れ右」なのです。ここには「自分の身体を他律的に扱い、他者に揃えることが正しい」という無言のメッセージが潜んでいます。身体を通じて行われているところにきな臭さを感じます。

たとえば「みんなとちゃんと仲良くしましょう」と協調性が大事なのだと言われ、その言葉に感化されたとしても、やがてより強く惹きつけられる概念によって正されることはあるでしょう。

ところが行進だの回れ右だの身体を通じた教育だと、本人の自覚なしに特定の考えが身の内に深く潜《もぐ》り込んでしまいます。その証拠にみなさんが急に「気をつけ！」と言われたらピッと背筋を伸ばして姿勢を正すのではないでしょうか。それが正しいと子供の頃に刷り込まれたから気をつけの格好をためらいなく、いまだに取ることができます。でもよく考えてみれば、とっさに動けないような緊張した不自然な姿になることがなぜ正しいのでしょうか。私たちは知らぬ間に自分が感じていることはさて置き、上位の者への従属を正しいこととして学んでしまったのです。いや、学ぶことが問いを併せ持つとしたら、この場合は「教わったこと」をちゃんと受け取るように教育されてしまったと言ったほうが正しいでしょう。

保育園に始まりおおよそ教育と名の付く場で**「自分の身体を他律的に扱い、しかも他者に揃えることが正しい」をベースに協調性を教えられる一方、「個性的であれ」や「みんな違ってみんないい」と多様性の素晴らしさも訴えられています。**

協調性は、その時々において目的を同じくする者同士の間で発生するものです。それが達成されるべきゴールとして扱われてしまっては、個性とは両立しません。目的がどうであれ「同じであること」に重きが置かれるからです。他人と行動を揃える振る舞いが個性的であるはずはありません。にもかかわらず「個性的であれ」「みんな違ってみんないい」と言われれば、混乱を来します。

仮に奇跡的に協調性と個性が並び立ったとしても、その先には「個性とワガママは違う」「みんなの和を乱すあり方は自分勝手に過ぎない」といった逸脱を禁じる言葉が待ち構えています。これら一連の禁止の言葉をもっともらしく口にする人がいると、つい抗《あらが》い難い説得力を感じてしまうことはありませんか。「確かに和を乱すことはいけないな」と相手の言っていることが正しいように聞こえます。そうなると誰にとっての「和」であり、それは私にとってどういう意味を持っているのか？　という疑問を口にすることが大した意味を持たないように感じられてくるはずです。

相手の言い分をきまじめに理解するばかりでは芸がありません。この際「説得力」を「どういうわけか汎用性があるように感じてしまう」と変換してみます。ものごとの理解に努めていれば他人からは素直でお利口さんだと褒められはするでしょう。ただし、自分で考えて独自の道行きを決めないのであれば、それでは私たちは個としての人生を生きることはできません。

なぜ汎用性があると思ってしまうのか？　と考えていくと浮かび上がってくるのは、「みんなと一緒のあり方を重視する人がいるとして、では、その人がそう言うだけの個人的な事情はどこに宿るのか？」です。「与えられた枠組みの中で個性は発揮されるべきだ」という言葉に説得力を持たせようとする人がいたとしたら、そこに隠れている意図は何でしょうか。「みんな違ってみんないい。ただし私の思う〈いい〉に限る」になりはしないでしょうか。

偏りに暮らしがあり人生がある

そういった許可を下すことのできる「私」とは何者でしょう。特別な力を持った人でしょうか。汎用性の使い勝手の良さが「誰が言ってもそれなりに使えるところ」にあるとすれば、「個性とワガママは違う」「みんなの和を乱すあり方は自分勝手に過ぎない」というセリフも「その人が口にしなければならない必然性」はないし、「この場面では有効な主張になる」といった条件もいらないでしょう。ひょっとしたら深い考えなしに言えるところが最大の利点かもしれません。

これらの言葉が呪文めいた力を持つ背景には、習慣から逸脱することや新たな変化に対する怯えがありそうです。でも、これも表面的な理由で、もっと根本的には偏ること、つまりは自分が自分であること、自分が本来持っている力を発揮してしまうことへの恐れがあるのではないかと思うのです。私たちは自身が力を持っているにもかかわらず、それを認め発揮することを恐れているのかもしれません。

人は偏在することでしか生きられません。私はあなたとは違うからです。顔かたちも性格も何から何まで同じ人はいません。人間としての平均値があるわけではないので誰しもが偏っています。そうなると「すべてが偏っているとしたらそもそも偏りはあるのか？」という疑問が湧きますし、「偏りを正そうと均質な動きや考えを教育する必要はどこにあるのだろう？」と思えてきます。

偏りとは「みんなと同じ」という普遍性を帯びない私の根拠となる身体を特徴付けるものです。このことを説明する上で、あるエピソードを紹介したいと思います。

私は以前、東大病院の医師で著作も数多く執筆されている稲葉《いなば》俊郎《としろう》さんと対談しました。稲葉さんは医療におけるこれからの可能性に絡めて、ある研究者の新しい大学についての構想を紹介されました。それによると、これからは国家の単位で区切られることなく「地球社会の大学」といった、地球規模の歴史や哲学を問うべきだと言います。稲葉さんはそこに人種や宗教を超える可能性を見出していました。私は話を聞きながら、インターネットがもたらす有用さを念頭に置いた知の編纂《へんさん》の仕方なのだと理解しました。その上で稲葉さんは、普遍的な知のあり方の共通の根拠となるのが「身体ではないか」と話されました。

確かに人種や宗教の違いはあっても二足歩行をして目がふたつに口はひとつと「身体」には普遍性があります。知と身体の普遍性が互いの違いを乗り越えて共生していける道を照らし出すことを期待した構想なのでしょう。それはそれで素晴らしいと思います。

私が注目したいのは、文化には普遍性がないことです。たとえば日本とナイジェリアでは座り方もお茶の飲み方、挨拶の仕方も異なります。所作が違います。身体には普遍性があっても、現にこうして生きている私の身体には常に偏りがあります。一人ひとりが特有の文化を持っています。私はあなたと同じ人間ではあるが、私はあなたと違う。その違い、偏りに暮らしがあり人生があり、「私が私として生きる」という源があります。仮に身体の普遍性を拠り所に地球規模の普遍的な知を目指す生き方をするならば、私たちは独自の身体を持つ必要を感じなくなるでしょう。

普遍性や汎用性が偏りのない平易さに私たちを追いやる道を整えているとしたら？唱えられている素晴らしい理想に対しても留保をつけるくらいの警戒心は必要なのではないでしょうか。私たちが共感しやすい、普遍的に見える教育コンセプトは「教えられた内容を学んで能力が高まり、その果てに個性が花開く」というものです。

それは錯覚であり、現にこうして存在していること、この偏った個的な存在が個性ではないでしょうか。偏在しているということは、不用意に他人に共感できないくらい自他に隔たりがあるということです。だからこそ誰の手を握り、誰の手をはねつけるのかという主体的な選択が生じます。そこに私自身を生きるという偏りを真っ当に生きる試みが始まるのだと思います。

SNSでの表向きのポジティブさ

「私が私である」ことをアイデンティティと言いますが、この語を用いて「自分は○○だ」と決めたがる使い方は取扱注意だと思っています。「自分は何者であるか？」と問う分にはいいにしても、「私は○○という人間だ」といった言明で自分を確定しては、その言葉がいずれ呪詛《じゅそ》となって、行き場を失わせてしまうことになりかねないからです。

アイデンティティについて考えるにあたって行いがちなのは、常に他人の言動や価値観、情報と比べてしまう癖がついているせいで、まず「自分が自分である」ことを素直に受け入れずに、「いまの自分であってはいけない。なぜなら他の人と比べて……」と自らの至らなさを数え上げることです。

否定的な言葉遣いに妙に長けて自信が持てないとあっては「私は○○という人間だ」という言い切りは、どのような色合いを帯びるでしょうか？

ＳＮＳではとてもパワフルで前向きな発言を連発しては耳目《じもく》を集める人たちがいます。彼や彼女らの言動に薄々こう感じることはないでしょうか。言葉の羅列でしか自信を表現できないとしたら、過剰な言動は自信の欠如の裏返しではないか、と。

表向きのポジティブさに魅力を感じるのはなぜかと言えば、知識や情報、言葉に依存して、地に足がついた感覚のない状態を現状の社会に生きる私たちが共有しているからでしょう。

人や情報と比べてしまう。比較は弱さや怖れを生み出します。心中に芽生えた空疎さや穴を埋めようとするとき「アイデンティティをしっかり確立させよう」といった思想やイデオロギーによる教育が非常に効果を上げます。そうなると自らを確立させるとは、誰かの考えで自分を限定していくことになってしまいます。

では、教えられた定義に従うのではなく、ただ自分であることをまずはまっとうしようとするとき、何が生じるのでしょうか。私がかつて体験したことを踏まえつつ明らかにしていきたいと思います。

ある支援施設での経験から

以前、ある知的障害者の支援施設を取材するために三カ月間、現場で働きました。もっとも援助の技術も知識もないので、あくまで職員の仕事を補助する程度ではありました。

施設内には陶芸やテキスタイル、木工などの工房があり、それぞれの作業場で施設の利用者と職員が一緒に働き、皿やコップ、服をはじめ椀やカトラリーなどを作っていました。

重度の自閉症の人は、決まった形のものを一定の手順で作ることが苦手だという傾向があるようです。すべての福祉施設がそうではないにしても、できないことができるようになる、能力が成長することに意義を見出し、決められた通りのことが守れるようになる訓練を施すところもあると聞きます。社会で暮らしていくために必要な能力を得ることが大事だと思うからでしょう。

しかし、私のいた施設では「社会復帰」に向けた練習は行っていませんでした。かえって、それがものづくりの特徴のひとつになっていました。

私たちは普段の生活で疑いもせず上達に向けたトレーニングを受け入れています。仕事にせよスポーツにせよ、あることができるようになるためには知識を覚え、技術の精度を高める努力が欠かせないと思っていますし、そのため「能力は高めていける」という発想をさほど疑っていないでしょう。

また、がんばれば結果は伴うのだから、もし成果が上がらないとすれば、やり方が間違っているか努力を怠っているか、いずれにせよ方法なり意識を改めなければいけない、と考えているのではないでしょうか。障害者と呼ばれる人たちと違って、健常者は目的を掲げて、結果を求めるための訓練が得意だと言えます。

健常者の世界では決まった形のものを一定の手順で作ることが常識で標準だと思えてしまうあまり、チャリティ番組で映し出される人たちの不得手なことが少しでもできるようになった姿に感動したりします。自分に引き寄せて捉えると、能力が向上するための訓練であれば障害がある人にとっても良いはずだと素朴に思ってしまうのも無理はないでしょう。

苦手なことを克服する努力をしないとすれば、どうやって製品をちゃんと作ることができるのでしょう。確かに重い障害のある人が規格品を作るのは難しい。けれども、自分のやり方でものを作ることはできるのだと、そばで見ていて思いました。

標準的なものは作れないと聞くと、「知的に障害があるから」に原因を求めてしまいます。そうかもしれません。けれども、ここで言う「できない」は健常者の期待する通りには「できない」のであって、彼らは独自のやり方とこだわりで作ることはできるのです。彼らの「できる」は健常者の「できる」と違います。そうなると「知的に障害があるからできない」と判断している見方そのものが揺さぶられます。

規格の枠からはみ出てできあがった木彫りの人の顔、袖を通すのは難しいけれど素晴らしい刺繍の施された美しい服。何のために作ったの？　と問うことがまるで意味をなさない、圧倒的な作品の熱量。いつしか人はそれらを「アート」と呼び、評価するようになりました。「できない状態に留まってはならない」という掟を守る健常者が多数を占める社会は、できないままでいることに価値を置きません。ところが彼らの目的を持たないように見える行為に「アート」という位置付けを与えるのは、マジョリティである私たちでもあります。そうした評価は彼らの作品に素直に感動したからではあるでしょう。と同時に私たちが信仰している成長や能力の向上をよそに、「いま・ここ」において努力せず、できることをただ表す姿に動揺しているのも確かでしょう。

できることをただ行うだけで

三カ月の間、それぞれの工房で行われている作業の手伝いをしましたが、木工部門では私も実際に皿を作ることになりました。木工の経験は小学生以来のことで楠《くすのき》の大きな板と木づち、鑿《のみ》を渡されて、「さあどうぞ」と言われたときには心底戸惑いました。だから何をしたかというと、周囲を見回したのです。他の人はどうやって彫っているのだろう。何か手がかりが欲しいと思って、キョロキョロと辺りを見ました。

私は木をちゃんと彫る技術を持っていない。いわば「できない」状態なので、これを「できる」に換えるには正しい鑿の扱い方、正しい彫り方を知らないとまともな皿はできないはずだと、誰に言われたわけでもないのにそう思い、自分は知らないが誰かが知っているはずの正解を必死に探していたのです。

しかし、私の視界に収まる限りの人たちは、淡々とあるいは愉快そうに彫っているだけでした。正しいとかきちんとしているのでもないし、かといってデタラメなやり方でも投げやりな態度でもない。ただひたすら彫ることだけを行っている感じでした。その姿はとても自信に溢れているようで、次第に眩しく見えてきた途端、こう思ったのです。

「人と比べて自分のダメさ加減をわざわざ想像してまで否定的なイメージを自分に植え付ける。これは妄想とどこが違うのだろう？」

意を決して鑿の刃を木に当てて彫り始めました。最初は「これでいいのだろうか？」としきりに言いたがる自分がまだ心中にいて、とても不安な声音で私に話しかけます。「失敗したら恥ずかしい」「こんなこともできないのかと思われる」。そんな囁《ささや》き声を振り払おうとしたのか、木づちを強く叩いたところ、思っていた以上に鑿が板に深く食い込み、木が大きくえぐれてしまったのです。それまでのためらいがちな浅い彫りから逸脱した、傷のような鑿痕が目に留まった瞬間、どうやら吹っ切れたようです。底に穴が空いたわけでもない限り、取り返しのつかないことなんてない。仮に穴が空いてもそういう皿にすればいいだけのことだ。

そう思ってからは大胆に彫っていきました。鑿の角度は毎度違って、とても滑らかな曲線を描いているとは言えません。けれども彫り進めるにしたがって、「見知った皿の形をしていなくてもどうでもいいことだし、きちんとした技術がないとしても自分なりにどこをどう彫ればいいかは、彫り進めている手そのものが教えてくれる。だから大丈夫だ」という根拠のない自信が湧いてきたのです。

イメージの中の完成された皿を目指すという考えはいつしか消えて、ただひたすら手を動かし彫ることに没頭していると、「重い障害のある人は健常者が設定した目的やそれに向けて努力するという発想がそもそもないのではないか？」という考えがとても腑に落ちました。

彼らが自信ありげに見えたのは、そのときにできることをただ行っているだけだからではないか。私が皿づくりを通して体験しつつあることを踏まえると、ただものごとを行っていれば「できなかったらどうしよう」といった不安が入り込む隙がどうやらないようなのです。

だからでしょう。仮に木工のプロに「こんなのまるでダメだ」と言われたとしても、私は「あら、そうですか」で聞き流せるし、他人があれこれ言おうが別にどうでもいいなと思えたのです。「技術が拙《つたな》いので、こんなものしか作れませんでした」とへり下る気持ちなど微塵《みじん》もなく、むしろ「どうだ」と言いたいくらいになりました。しかも、「どうだ」という態度は「オレのほうが優れているだろう」と見せつけたいからではなく、「この皿は見事だろう」と他のことは度外視して言いたいだけなのです。

ただひたすらな自己満足がある状態とでも言いましょうか。

障害があると言われる人たちと接して否応なく気づかされたのは、自信が持てないのは何かが欠如しているからではなく、「自信がない」という設定を自らに許しているからではないか、ということでした。

私たちは比較する能力が発達しているがゆえに、優れた人を「ただ優れている」と認めることに飽き足らず、優れた人と自分を比べて否定する言葉を自らに持ち込むことができます。だからと言って比べる能力が悪いのではありません。比較することができるから過去と未来という概念を持てるのですし、予測のもとに危険を回避することもできます。

この社会で健常者と呼ばれる人の特徴のひとつを挙げるとすれば、多くの不安の種を抱え、せっせと水をやっては芽吹かせる努力をしているところにあるようです。それが私たちの特技になっています。ある意味で不安がなくてはならないのは、それを通じて他人との関わりを持てるところがあるからです。評価を求めながら、人に褒められると「そんなことはありませんよ」とまず否定することからコミュニケーションを始めることもできます。

限られた体験の中ではありますが、どうも重い障害のある人たちは特に他人と積極的に関わろうとしないようです。ひたすら自分のこだわりを貫徹することにエネルギーを注いでいるように見えました。

私たちが住み慣れた社会では、彼らのような自己完結ぶりは他人を考慮しない、迷惑でワガママな行為だと解釈されます。しかし、習慣的に覚えてしまっただけの常識を外して捉えると、彼らはいかなるときも主体的で自立しているというふうに見えてくるのです。障害者と言われる人たちはアイデンティティについて考えることなく、アイデンティティがしっかりしていると言えないでしょうか。比べることにあまり関心のない彼らは、とても自信があるように見えました。ここにヒントがあるような気がします。

他人との関わりありきで自分を保つことに細心の注意を払えば、自分の言いたいことはいつも後回しで、主体的な行動も「迷惑にならないだろうか?」「ワガママと思われるのではないか?」と自主規制の対象になります。そろそろ私たちは他人との比較に過度に意味を見出す時期を終えないといけないのかもしれません。

協調性が大事。でも個性も大事。そう育ってきたけれど、そろそろ他者と比べることをやめてみるときかもしれない。

6

笑いをめぐるモヤモヤ

逆調に不寛容な社会

ものごとが順調に進んでいるときには、取り立てて滞《とどこお》りを感じません。だから「なぜうまくいっているんだろう？」と考えたりはしないでしょう。たとえば、いつも通りに目が覚めて起きる。電車に乗るために見慣れた街を歩く。これらは、ごく普通にできるので恐る恐る試みたりしませんし、その行為についていちいちできるかどうか不安になりはしないでしょう。

本当は、生きるとは不確定の未知に向けての歩みの連続です。一寸先は闇の、まったくのわからなさを手探りで生きるのが私たちの日常の正体です。何が起きるか皆目《かいもく》見当がつきません。予測不可能です。それにもかかわらず、ものごとが破綻もせず順調に流れていくのですから、ありえないくらいの奇跡に思えてきます。

確かに驚くべきことではありません。それでも朝になればいつものように太陽は昇り、春になれば桜が咲きます。昨日と一緒の太陽、去年と同一の花ではなくとも、同じ現象が自然に生じています。世界の進展はフリーズすることも失敗もなく淡々と進んでいて、それは不可思議でありつつ当然で普通の姿であるとすれば、かえって疑問に思うのは、それでは逆調が生じるのはいったいどういうときなのだろう？　ということです。

いまから二百年ほど前、現在の長崎県の一部にあたる、平戸藩を治めた松浦《まつら》静山《せいざん》という大名がいました。世相や人物評などを記した『甲子夜話』の著者であり、また剣術の修練に励み免許皆伝を得たことでも有名です。静山は「勝ちに不思議の勝ちあり、負けに不思議の負けなし」と書き残しています。この言葉を逆調を考えるための材料にしたいと思います。

仮に勝ちを成功＝順調、負けを失敗＝逆調と言い換えれば、ものごとがうまくいくのは当たり前のことをしているからで、だから特別さを感じない。しかし、それはありえないほどの奇跡的なことでもあるわけです。

比べて失敗に「不思議がない」のは、そうなるだけの必然性があるからです。要は自然のルールから外れたから逆調が起きるのだということです。

シビアに勝敗を問われる実際の戦いでは、失敗は死を意味します。ですが、いくら生き死にを厳しく問う武術といえども、稽古においては失敗が許されています。失敗から学ぶことが学習体系に組み入れられているということは、その意義が十分に見出されているからでしょう。

幸いなことに私たちの暮らしは、実戦のようにほんの少し間違えたからといって死に至るほど厳しい状況にさらされてはいません。原発に関わる仕事だとか紛争地の武装解除、旅客機のパイロットだとか、多くの命を預かり、ミスが許されないといった例外を除いて、過酷な局面に置かれている人はそう多くはないでしょう。ですから、私たちは失敗を「絶対にあってはならないこと」ではなく、試行錯誤を通じて研鑽《けんさん》する機会に置き換えることができます。そういうことが可能な社会は豊かであり、度量が広いと言えると思います。

しかしながら、現状のこの社会は先に挙げた特殊な仕事に就いているわけでもないのに失敗に寛容ではありません。そのため私たちは些細なミスですら怖れるようになっています。

電車に乗っていたら、強風が吹いて定刻よりも数分遅れての運行に車掌が「申し訳ありません」と謝りのアナウンスをしていました。風が吹くことはコントロールしようがないので謝る筋合いはないはずですが、電車の遅れに苦情を言い募る客への予防のためなのでしょうか。

主体的に行動するにもかかわらず、「させていただきます」というへりくだった言い回しをする人も多くなっています。心から思ってはいなくとも、あらかじめ怒られないための防御として言葉を用いる機会がずいぶん増えています。

失敗が恥に変わるとき

それにしても世の中の雰囲気がこれほどまでに他罰的で厳しくなったのはなぜなのでしょうか。それを明らかにするには、社会全体を問題として扱うといった高所から眺めるよりも、一人ひとりの人生を振り返ることがいいのではないかと思います。そうすれば自ずと理由が見出せる気がします。いつから私たちにとって成長とは怖れを知る過程となってしまい、失敗を怖れ、他罰を好むようになったのでしょうか。

その別れ道を辿っていくとわかるのは、誰しも生まれてからしばらくは、うまく立てなくて転んだり、尻もちをついて失敗しても、「すごいね」と褒められていた体験があったことです。周囲は叱咤するどころか、にこにこと笑い、歓声をあげていました。ぎこちなく手にした椀からご飯を手づかみで口に運び、ちゃんと食べたとは言えないくらい、米粒を床にこぼしても「そんなこともできるの！　すごいね」と手放しで褒められもしたでしょう。

けれども、そうした不首尾を肯定される時節は幻だったかと思うくらい、ある時期を境に「そんなこともできないの」と言われるようになり、「ちゃんと・早く・もっとできるようになりなさい」と叱責されるようになりました。そうして人と同じようにできないことは恥ずかしいし、人と違っていては世間に笑われるのだと、私たちは胸に刻むようになりました。

周囲から「できない」ことを指摘され、その否定的な評価をくだされる自分に罪悪感を覚えるようになった挙句、そのような他罰的な態度を受け取ると、人から「笑われないようにしないといけない」と考え、それを健気《けなげ》にも実行するようになりました。そうした学習の末に、失敗とは恥ずべきことで、もしもそんな人間がいたとしたら笑うことが当然なのだと学んでしまいました。

一口に「笑う」と言っても、幼な子の時代と他罰的態度を身に付けた後とでは意味合いが違います。たとえば赤ん坊の尻もちは、本来からすれば失敗であっても、周囲はそこに何とも言えない愛らしさを見出して微笑みました。そうした仕損じたことに対し、つい笑みがこぼれてしまうのは、きっと人間の原始的な感覚に基づく振る舞いだからなのでしょう。さらには誰かが何かしくじった際、その失敗をおどけて真似ると、いっそうさざめきが広がっていくのは、ものごとが順の流れから外れてしまったズレにおかしみを覚える感性を私たちが持っているからでしょう。逸脱に出会うとなぜか笑いが込み上げてくるようなのです。

失敗したときとものごとが滑らかに進んだときとを比べて差異を感じ、そこにおかしみを覚える。そういう意味では笑いとは知的な行為であり、人間の徴《しるし》とも言えるかもしれません。

逸脱をおかしく感じることから「何が笑いに値するか？」といった探求が始まり、センスが芽生え、文化が生まれます。私はスタンドアップコメディアンによる、いわゆるアメリカンジョークを聞いても大笑いすることは滅多にありません。それは吉本新喜劇をはじめ、上方の漫才を幼い頃から見て育つといった、関西に生まれ育ったがゆえに、笑いに関する習慣と感性とがアメリカ人のそれとは違うからなかなか共感できないだけのことで、別に彼らのジョークのレベルが低いからではないのだと思います。向こうにしてみれば、私がおもしろいと感じる漫才の何が良いのかわからないかもしれません。失敗や誤りという行為のズレを笑うことに普遍性はあっても、何におかしみを感じるかは文化、風土によって偏りがあると言えそうです。

いまどきの笑いの文法

失敗におかしみを感じて笑う。そして笑いは文化によって違う。ここまで述べたことを前提に、では、いまどきの笑いはどういうものか考えてみます。流行りの笑いは現代人の感性によって作られています。だとしたら、いまを生きる私たちは何を笑い、何を笑ってもいい対象だと考えているのでしょう。それを笑いの文法と言ってみます。

この三十年くらいメディアにおける笑いの文法は関西系の芸人がリードしてきたと言っていいでしょう。人を笑わせる方便として、ボケやツッコミという定型があるのを誰しも知っています。

ボケとは、常識や当たり前といった通常からはみ出た言動で、ツッコミはその逸脱を明らかにしたり、大仰に解釈することでボケの異様さをデフォルメするわけです。そうした笑いの手順を踏まえ、「何を笑ってもいい対象にしているか」を考えると、「いじる」という手法が否応なく浮かび上がってきます。

「いじる」とは、いわば勝手にボケを見出す手つきです。たとえば容姿やセクシャリティ、人種といった変えようのない属性を抱える人やマイノリティ、社会的弱者をいじって笑いにしようとするのがお決まりのパターンとしてあります。「それは普通ではない」とジャッジし、いじるわけです。これがいじめや差別につながっているという批判が以前に比べて高まっているのは、みなさんもご存知でしょう。

「冗談のひとつも言えない息苦しい世の中になった」という発言を聞くとモヤッとします。いままでが単に無神経さと傲慢さが野放しにされていたに過ぎないのかもしれないとは考えないからです。ずっと笑われることに苦い思いをしていた人がいたとしたら。少なくともマイノリティや社会的弱者はマジョリティの息抜きのために生きているのではないとだけここでは言っておきましょう。

逸脱を嘲笑うことのモヤモヤ

ただバカにすることは笑いになりようもないのです。では、自虐ネタはどうなのだと思う人もいるでしょう。それも不謹慎なのかと。自虐が成立するのはそれを口にする者がマイノリティだからです。性的指向や変えることのできない容姿、民族性について、マイノリティが卑下して笑いに変換するのは、いわば挑発です。「現実はマジョリティの思うような平板なものではない。一筋縄ではいかないのだ」ということを嫌というほどわかっているからです。マイノリティが自身を笑うのは、「それについては笑ってもいい」とマジョリティに許可を与えているわけではありません。「いま笑ったおまえは何者か？」をその笑いは含んでいるのです。

そのようなレイヤーがあることも知らず、「それは普通ではない」といじるとき、その発言者は「ただ存在しているだけの人」に正常からの逸脱を認め、いわばそれを失敗と位置付けているわけです。ゲイである。肌が黒い。女である。太っている。どれもこれも他人に笑われるべきことではありません。その人が現にそうであること以外の何物でもないからです。

笑いは普通との違い、逸脱に見出されると先述したのであれば、セクシャリティも容姿も笑いの対象になるのではないか？　と思う人もいるでしょう。しかし、いじる笑いは人間の原始的な振る舞いにつながっているでしょうか。おかしみを誘う、愉快な笑いでしょうか。どちらかと言えば、ことさら違いをしつこくあげつらい、愚弄《ぐろう》し、嘲《あざけ》る笑いです。そこにユーモアと知性はあるかと問えば、ノーと答えざるをえないでしょう。

さらに言えば、「普通との違い」という際の「普通」が極めて狭い範囲で成り立っているとしたら？　しかも人から笑われないよう、失敗することのないように腐心して手に入れた習慣的な常識でしかないとしたら？

逸脱をいじりさえすればただちに笑いになると思えるのは、いじる側が平均値としてのみんなと同調していると思えるからでしょう。そういう「みんな」がどこにいるかはわかりませんが、なぜそこに依拠することに自信が持てるかと言えば、世間に与えられた正しさを疑ったり、試すこともなくまじめに受け取り、ひたすら叱責されないような生き方をしてきたからではないでしょうか。

つまり多様な背景を持つ人との交わりの中で得た了見ではなく、ただ他人が保証してくれる常識にのみ寄りかかっている。他罰の果てに得た態度は決して常識から逸脱しないといった、極めて穏当でかつ偏狭な態度です。それを自らに強いてきたのだとしたら、自罰に等しいとは言えないでしょうか。

教室での笑いと恐怖

小学校に入ったばかりの頃、校庭で整列する際、「**小さく前へならえ**」と教員に言われたことをいまでも覚えています。そう言われて、幼い私はおかしくてぷっと吹き出しそうになりました。冗談を言っていると思ったからです。担任はひどくまじめな顔をしており、また周囲の反応を見るにつけ、笑いごとではないのだなと気づきました。

おかしく感じたのは、前の人との距離など目測でわかるからです。それをわざわざ手をしかも小さく突き出すというコミカルな仕草をさせようとしたので、笑いそうになったわけです。

「前へならえ」よりもちゃんと小さく手を出さないと怒られる事態に至って、要求されている真剣さがとんでもなく変だと感じてしまいました。どうもそういうのは肌に合わないなと思いながらそれでも学校に通いました。だけど、やっぱり合わなかったなと改めて思い知らされる出来事が小学校六年生のときに起きました。

家庭科の授業で枕カバーを作り、そこに刺《し》繍《しゅう》を施《ほどこ》すという課題が出されました。その頃の私は城の石垣や楽焼《らくやき》、尾形光琳の燕子花図《かきつばたず》といった文物に魅せられていて、それらの絵を描くのを趣味としていました。当然ながら枕カバーの刺繍に選んだ題材はと言えば、屋島の戦いにおいて汀《みぎわ》に馬を進め、平家方の船にかざされた扇に向けて矢をつがえる那須与一《なすのよいち》というシブいものでした。それほどレベルの高い刺繍ではなかったでしょうけれども、内心満足のいく出来映えでした。

後日、授業の終わりに担任が提出した課題を一人ひとりに返し始めました。私の番になると、彼女はカバーを広げて衆目にさらした上で、「なんやこれ。わけわからん」と言い放ったのです。

その教員はいまなら懲戒処分を受けるような人物で、少しでも気に入らない発言を生徒がすると職員室に引きこもり、全員が謝りに行かなくてはならないという茶番を毎日のように繰り返していました。

茶番と言ったことからわかる通り、私は内心、担任の振る舞いを尋常ではないと感じていたので、全員が職員室に押しかけて「すいませんでした」と殊勝にも頭を下げる中、後ろのほうで反省の顔を装うことでこの儀式への参加としていたのです。教員はそういうところには敏感で、私を指差して「あいつがちゃんと謝らないから教室に帰らない」と宣言し、クラスメイトにひどく詰《なじ》られたこともあります。

教師は機嫌が良かろうが悪かろうがみんなの前で触れられたくないことを取り上げては嘲笑《あざわら》い、傷つける。そういうことを常にしていました。誰しも「この先生はひどい」と思っていたでしょう。しかしながら、いまよりずっと教師の社会的地位が高かった時代ですから、逆らうことはなかなか難しかったのです。

教師が「なんやこれ」と言った途端、教室中が笑い声で沸き返りました。私はそのとき、担任の一言に赤面しつつも、周囲の笑い声に驚き、ついで激しい怒りを覚えました。媚《こ》びへつらうことで生きながらえるさもしさに、二度と彼らとまともに口を利くまいと心の中で誓ったのです。

笑われないようにする

この一件は、長らく私の中で解消されないモヤモヤする出来事として残っていました。というのは、嘲笑された後の展開は、恥辱を感じた分だけ周囲に同調せずに個として生きていく強さを目指したわけではなく、むしろ笑われることに敏感になり、「また、おかしなことをしていないだろうか」とビクビクするようになったからです。

そのため十二歳からは「勇気を奮《ふる》う」という意味合いが変わってしまいました。周りから笑われるのをあらかじめ念頭に置いて、「笑われないようにするにはどうすればいいか」と想定し、それを克服するところから始めなくてはいけないので、本来発揮すべきエネルギーを目的に向けて全力で注げなくなったのです。

私に限らず、大人になっても他人の顔色を窺い、空気を読むことを習い性にしてしまった人は多いでしょう。宿してしまった恐怖の姿を明らかにするのが案外難しいのは、「怖れ」の体感は生理に根ざしているからです。

たとえば、何か新しいことに挑戦しようとすると、ドキドキして足がすくんでしまいます。たったいま感じている恐怖はありありとしていて心と身体に影響を及ぼします。生理的にリアルに感じるがゆえに、果たしてこれが「新たな挑戦」への怖れなのか、それとも世間から笑われることへの怖れなのか、体感としては両者は見分けがつきません。

つまり、未知に対して危機感を覚えるといった生物として正常な怖れなのか。仲間から見放されるという社会的な怖れなのか。体感レベルでは同じ恐怖として感じられてしまうため、いったいどちらなのかわかりにくくなってしまいます。こうした混乱は、周囲から笑われることで失敗への怖れを逞《たくま》しくした習慣がもたらした結果かもしれません。

　私たちが自分自身として十全に生きようとするならば、そうした恐怖のメカニズムを解剖することが必要です。本当のところ私たちはいったい笑われることの何を怖れているのでしょうか。また、真に恐るべきことを怖れているのでしょうか。

　誰かの逸脱した言動を笑う。笑われたことに恥じらいを覚えるようになった起源はいつからかはわからないものの、人間的な振る舞いのひとつではあるでしょう。そうした人間に備わる感性は、「恥をかかすために笑う」に転換したり、場合によっては「笑われることを屈辱」として受け取る感受性が培われることにもなります。それを文化と名付けることもできるでしょう。

　ちなみに、この島の文化は和を貴ぶために秩序を乱す言動を好まないとされています。しかし、いつの時代もそうだったわけではどうもなさそうです。

笑う行為の重みを知っていた古人

先日、中世のトラブル解決法を取り上げた『喧嘩両成敗の誕生』（講談社選書メチエ）という本を手に取りました。読んでいくうちに明らかになったのは、中世の住人は空気や和を歯牙《しが》にもかけず、粗暴な上に命のやり取りにためらいがなかったことでした。たとえば、立ち小便を笑ったことから抜刀しての斬り合いになり幾人か死ぬ。あるいは子供が有力大名の女中を載せた輿《こし》の行列について囃《はや》し立てたところ、供の侍がやおら童子を突き刺したりします。

一方、刺された子供はと言えば「菖蒲刀《あやめがたな》（玩具の刀）でもあれば、不覚はとらなかったものを」と、血塗《ちまみ》れの姿で行列を睨《にら》みつつ、周囲に訴えたといいます。どうも京の路上では、現代からすると些細な理由で毎日のように殺し合いが起きていたようです。

現代人である私は中世人の感性の実際のところがわかりません。いとも簡単に人を打ち殺すにしても、その意図や行為の因果関係について想像の範囲でなんとか了解できます。しかしながら、すべてにわたって共感を覚えられはしません。

かと言って、まるで理解の外の他人事でもないと思うのは、与えられた恥辱を看過しない彼らの自尊心に注目すると、内心に疼くところがあるからです。身の内に感じる痛みを通じて、彼らの何に同調しているのか。そこを探っていけば、私たちの抱えている恐怖の正体を鮮明にする手がかりになる気がするのです。

与えられた屈辱に対して、暴力を辞さない姿勢は現代人にとってはあまりに過激です。言語によるコミュニケーションの価値が低すぎるのではないか。互いの言い分を聞き届ける余裕が持てないものかと思うでしょう。

しかし、もう少し分け入ってみると違った風景が見えてきます。**彼らは笑うという行為の重み、人に向けて言葉を発することの取り換えの利かなさを私たちよりも知っていたのかもしれません。**体面に関わることを言いながら、「誤解を招いたのだとしたら撤回したい」といった寝言は通用しない世界で生きていたのは間違いないでしょう。

中世人が誰かを笑って恥じ入らせることを存亡に関わる重大事とみなしたのは、「気に入らない」という気分だけの問題ではなく、その行為が他者に従属を求めることにつながると捉えたからではないでしょうか。彼らは誰彼かまわずにイエスと言いはしなかった。子供であれ大人であれ日々全力で生きており、身分を問わず膝《ひざ》を屈することを肯《がえ》んじえない。だからこそ年端もいかない子供が息も絶え絶えに己の不覚を口惜しんだわけです。

従うべき法や秩序、善し悪しはあるにしても、私のなすべきことがそれとは違う場合、自らの意の赴くところに従う。そんな強烈な生き方を古人はしていたようです。世間が、他人がどうあれ、己の命に代えても名誉を貫き通すという生き方が、個人や自由、尊厳という概念のない時代の感性としてあったのではないでしょうか。

笑われることを恥と感じたならば、恥じらい臆病になるのではなく、すかさずそれを雪《すす》ぐべく行為に出る。そこに恐怖の入り込む隙間はありません。まして、笑われないようにと大人しくこぢんまりと協調性を大事にして自己規制に勤しむという発想もなさそうです。

かつてといまではものの考えも常識もまるで異なりますが、「笑われて恥ずかしい」と思う感性においては多少なりとも共通しています。

ただし、現代は中世のように恥辱に対して暴力で応えることは許されません。そのためでしょうか。報復されるという危機感がないので、笑う側は「辱《はずかし》めを与えるために笑う」を切迫感も覚悟もなく行っている節があります。そして、そこに共感を持たせようとしています。それがいじめであったり、「いじる」という笑いの手法であったりと、空気という名の支配のコミュニケーションのあり方として現れているのだと思います。笑いがユーモアを湛《たた》えないのであれば、自らの内に逞しくした傲慢さを発揮する手法に成り果ててしまうでしょう。その瀬戸際にいま私たちは立っているのではないでしょうか。

その笑いは、ユーモアを湛えたものですか？　空気という名の支配のコミュニケーションになっているのなら、それは「笑い」ではないのでは？

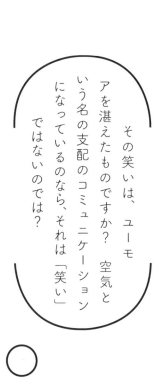

7

社会をめぐるモヤモヤ

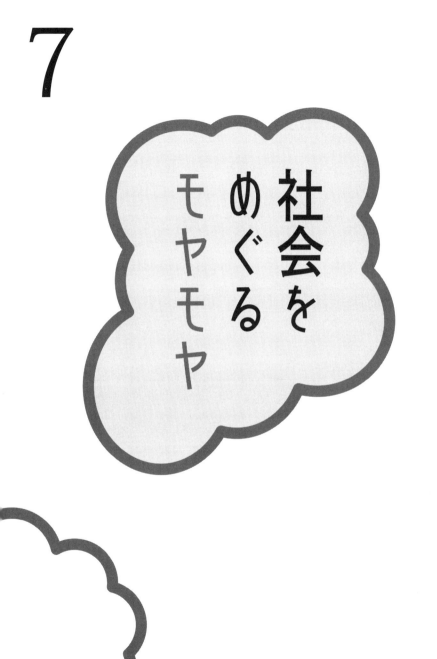

「社会人」という謎の言葉

自己肯定感という言葉をよく聞くようになりました。肯定感の低さに悩んでいる人がそれだけ多いのでしょう。ですが、「自己肯定感を高めるための方法」「能力の向上に自己肯定感は欠かせない」といったような語の使われ方を見るにつけ、個人の意志次第でどうとでもなるといった傾向の強まりを感じます。ひょっとしたら承認欲求という言葉にどこかしら後ろめたさを感じとるようになった人が増えたせいでしょうか。承認欲求にしても、もともとは「他人から認められたいという欲求」でしかなかったはずで、言葉自体に善いも悪いもありません。ただ、肯定感の低い人が承認を欲することに傾くと、依存との線引きがわからなくなるとは言えるでしょう。当然ながら自分の意志も不明瞭になります。それなら、まずは自分の内側から変化を起こすことに目を向けようというのはうなずけます。

とはいえ、自分ばかりに固執しては、他人との関わり方で自分に対する捉え方も変わっていくというダイナミックな変動があることを忘れてしまいます。自分を褒める。好きになる。「私は大丈夫」と心の中で唱え、そうやって内発的に肯定感を増していくこともその人にとって必要な時期もあるでしょう。けれども多様な人との関わりの中で肯定感ではなく、紛れもなく肯定されていく経験が何より必要なのだと思います。

しかしながら、**この社会は必然的に肯定感が低くなるように設定されている**と随所に感じます。たとえば女性であったり障害があれば、日々感じることでしょう。自分を低く見積もるという信念を持たない限り、社会に参入できない。協調性や空気を読むことがその上で大いに役立っていると思います。どのように有効に働いているのか。

それについて「社会人」という日本語独特の言い回しから考えてみたいと思います。

社会に参入した人を社会人と呼んでいます。「いつまでも学生気分ではいけない。これからは社会人としての自覚を持ちなさい」といったように、もっと現実的な生き方をするように激励されたり、「社会人として如何なものか」と善悪をわきまえるべきだとたしなめられたりします。そこからわかるのは、社会人には現実を生きるための常識的な振る舞いが期待されているということです。

ところで、社会で生きるのであれば、全員が社会人のはずですが、子供を指してそうは言いません。「この春から社会人になります」といったように、会社勤めをすることがほとんど社会に参入するような意味合いになってしまっています。

そもそもを言うと社会は「ソサイエティ」の訳語であり、語源を遡ると「結びつき」を表しています。人同士が結びついたのは、群れたほうが衣食住を安全に確保する上で得られる利益も多いからです。共同体に所属する限り安心して暮らせます。ですが、その安心は群れからはぐれてしまっては生きていけないという恐怖と裏腹です。

初めは、むき出しの自然相手に生き延びる過酷さをやわらげるため社会を作り、それに参入しました。次に他のメンバーの顔色を窺うことで社会の中で生き残りをはかるゲームに参加しなくてはならなくなりました。生存のための社会への参入とメンバーを相手にした生き残りは、互いの「結びつき」と「しがらみ」をもたらしました。両者は関係性によってどちらにも転びますから善し悪しは問えません。

ともあれ社会は、ひとりとして同じ人間がいない同士の結びつきによって成り立っているので、様々な生き方が放射状に広がっていいはずです。生き残るためのルールはあっても、多様な生き方が許されるほうが社会の幅も広がって楽しいのは間違いないでしょう。けれども会社員が社会人を意味するように、どうも単純な結びつきがだいたいの生き方の目安だと思われています。

そこから推量できるのは、社会とはそれを形成するメンバーが話し合って、従来であれば社会の枠に収まらないという理由で異分子として排除していたものを、むしろ社会の幅を広げることで包摂していく方法で新たに構築していくものではないということです。新卒一括採用のように、あくまで出来合いの社会の形やルールに合わせていく、範囲の決まったモデルなのだという信奉を知らず私たちは抱いていると言えます。

苦労は人を育てるか？

そうなると苦労という体験も独特の意義を備えるでしょう。社会は流動的ではない。しかも限られた範囲で有効なものが社会の一般的なルールになりえるならば、新参者には「ここでのやり方を何も知らない。だから教わる必要がある」と言えますし、それも妥当でしょう。何も知らないうちはやっていることの意味がわかりません。そうした何もできない苦しい時期を経て、熟達した技を覚えられる。そうなれば先人の経験に対して自然とリスペクトの気持ちも湧きます。

ですが、結びつきがいつの間にかしがらみに転化するように、「知見や技術をものにするには苦労もある」が「苦労なくして身に付くはずがない」と苦労自体に意味を見出すことになってしまっては話がおかしくなります。その態度がマウントにしかならないのは、自身の経験が無駄ではなかったことの証明のために共感を強いており、他人の人生を自分のためにに費やすことにしかならないからです。最終的に依存や自らの正しさの証明に行き着くのであれば、果たしてそれは必要な体験でしょうか。

「苦労が人を育てる」と巷間《こうかん》言われます。この言い様を口にする人は習慣で言っているだけで、本気で苦労について考えていないのかもしれません。

というのは、**苦労はやって来るもので選びようも避けようもないもの**だからです。それだけが人を育てるわけでもないですし、また側からは骨を折っているように見えても、本人にとっては難儀さと取り組むことが創意工夫の試みになっているので楽しかったりします。もちろん、この楽しさは快楽ではなく焦りや失敗、挫折など苦を交えたものではあるでしょう。

「あのときの苦労した経験があったから今日の成功がある」と人は振り返って言いがちです。これもよくよく吟味しなくてはいけないのは、失敗に対しては「あのときの苦労した経験があったから」とは決して言わないからです。非常に恣意的な関係性を苦労と成功の間に見出していると言えないでしょうか。

生きるのに許可はいらない

経験とは未知に向けて身を投げ出すという試みです。どうなるかわからない行いの結果はそれとして受け入れ、本当に注目すべきは成功や失敗ではなく、それらをもたらした原因のはずです。

因果の因という始まりは、「やりたいこと」や「できること」にあります。そこに苦労は介在しません。なぜなら「やりたいこと」や「できること」は、当人にとって楽にできる状態だからです。そこでは自分のやりたいことを他人と比較して低く見積もる必要もなければ、「できなかったらどうしよう」という恐れも存在しません。行いが苦労としての意味や重さを持たないからです。

できないことを数え上げると不安になり、みんなと同調するほうがいいと思えてしまいます。けれども、「できない」とは「みんなと同じようにはできない」のであって、それぞれにできることがあります。見知った顔ぶれから離れると生き延びられないという恐れはあくまで想像でしかなく、実際には群れを飛び出しても死にはしないし、孤独であることは悪いものではないし、何ならそこから新たな仲間との出会いもきっとあるでしょう。

この世に生まれ、自分が自分として十全に生きていく。そのことに誰の許可も必要としなければ、「それは間違っている」だの「正しくない」「苦労を知らない」と言われる筋合いもない。わざわざ権利という言葉を持ち出さなくても、私たちは感覚的にわかっているはずです。

「感覚的にわかっている」と言われてしまっては、理解に手を伸ばしても取っかかりがつかめずに置いてきぼりを食らったように感じるかもしれません。それが理想の体型になるためのトレーニングであれ、幸せになる方法であれ、数値や科学的根拠が明確に示されない限り信じるに値しないと思うような世相では特にそうでしょう。

けれども「感覚的な理解」とは「信じるか信じないか」の信念によって左右されることではありません。感覚的な理解という身体まるごとの把握は、信念という重さに囚われない軽やかな自信をもたらすのです。

私たちが自信を失うとき

子供の頃、大人は自分の頭で考えてものごとを判断できると思っていました。でも、大人になってみると自分も含め、**少なからずの人が「嫌われたくない」とか「間違えたことを言ったら笑われる」といった恐れから自身の行動を決めている**ことに気づきました。私たちの普段の言動は能動的で主体的なアクションというよりも、世間や常識の顔色を見た上でのリアクションがほとんどではないでしょうか。その典型が「迷惑をかけてはいけない」「そんなワガママなことが許されると思うのか」といった言葉です。

それらに「なぜ？」「どうして誰かの許可が必要なの？」と素朴に問いかけるのをいつしか止めてしまったのは、怒られたり罰されたりと心と身体にしこりが残るような傷を受けたからだと思います。恐怖がこの社会を生きる上での私たちの行動の原則になったのです。そうして辺りを見渡しては「間違ったことをしていないだろうか」とビクビクし、他人と同じ行動を心がけるようになりました。やがてみんなと違った振る舞いを目ざとく見つけては、同じ恐怖を与えようと「迷惑をかけてはいけない」

「そんなワガママなことが許されると思うのか」とかつて自分が言われた言葉を唱えて罰するようになりました。

他罰的な言葉遣いを学んだ結果、私たちはどんどん自信を持てなくなっています。主体的でハツラツとして積極的な行動をとれば、揃えた足並みを乱すと言われるのですからそうなって当然でしょう。その上でこう言われます。

「これをやれば自信が持てるよ」

「これができないと満足した人生は送れないぞ」

健康からビジネス、食に美容とあらゆる領域で似たようなメッセージがささやかれています。自分を信じるのではなく、誰かの提供する価値を信じろと、それらは訴えているわけです。

自分の人生は誰かが代行してくれるわけではありません。ですが、虚構の設定を信じさせようとする力に私たちは絶えず晒《さら》されています。

このような状況を「身体性の消去」と表現できると思います。私が私として存在することを許さないと言い換えることもできるでしょう。

私たちは誰とも取り替えられない身体をもって生きています。この身体まるごとの生命活動には「こうしなければならない」ということはまったくないはずです。誰しもただ息をしているだけで毎回「息をしなければならない」と考えて実行しているわけではありません。ただ存在し、ただ生きています。

でも、その事実よりも「こうでなければいけない」といった概念を重んじることが常識であり普通となっていくと、どんどん自信を失っていきます。仮に言われた通りのことができるようになったとしても、その通りのことが起きなかったらどうしようと不安になっていくからです。

迷惑やワガママといった言葉で誰かを非難したがるのは、他人の行為が常に問題なのではなく、それが自らの不安や自信の欠如を突いてくる側面を持っているからではないでしょうか。もしかしたら、私たちは自信のある生き方をしていれば、そうそう他人の言動をチェックして迷惑だのワガママだのと言い募ることはしなくなるのかもしれません。

外国人力士台頭の背景

自信のある生き方をする上で鍵となるのは、やはり「身体性を取り返すこと」だと思います。これについて述べていくにあたって、私が紹介したいのは相撲の話です。どういうことだ？　と思うかもしれませんが、しばらくお付き合いください。

圧倒的なパワーを背景に長らく相撲界で人気を博したのは、小錦《こにしき》や曙《あけぼの》といったハワイ出身の大柄の力士でした。ところが二〇〇〇年代の初頭から角界を席巻し始めたのが、主にモンゴル出身の力士たちです。年々、大兵肥満に拍車のかかる力士に比べると、彼らはそれほど抜きん出て大きいわけではありませんでした。見た目に明らかな体格の差がないため、とりわけモンゴル人の力士の強さに対しては「ハングリー精神」を持ち出して報じる論調も多く見られました。

精神論の使い勝手のよさは、なんであれ結論に持ってくるとそれらしく聞こえるところにあります。けれども実際は何の説明にもなっていないことが多いです。

そんな折、スポーツ誌から「外国人力士台頭の背景を探って欲しい」と依頼され、モンゴルや東欧出身の力士たちとその親方にインタビューを行いました。そこでわかったのは、**強さの背景にあったのは精神ではなく身体、それに伴う彼らの自信**でした。

外国人力士を抱えるそれぞれの部屋の稽古を見学した際、まず注目したのは彼らの足指でした。多くの日本人力士はアスファルトで敷き詰められた平面を靴で過ごす現代的な生活に慣れ、足の小指が潰れたり変形していました。けれども朝青龍《あさしょうりゅう》や朝赤龍《あさせきりゅう》、それに時天空《ときてんくう》をはじめとしたモンゴル人力士たちは靴を履く文化ではあっても、指はきちんと五指に分かれていました。そのため四股《しこ》を踏んだり、すり足を行うと砂が小指の股にも絡まり付いていたのです。つぶさに見ましたが、日本人力士には見当たらない現象でした。指がそれだけ分かれていれば、地面をぎゅっと摑む力にも優れていると言えます。また一様に血色が良く、骨盤も柔軟で倒れるにしても前のめりで崩《くず》折《お》れてしまうということはなかったのです。

図体は大きくても、はたき込まれるとバッタリ倒れて土俵に手を付く。そうした自分の身体を持て余す重量級日本人力士のありさまを佐渡ヶ嶽《さどがたけ》部屋の先代親方は「ブタが相撲とっているようなもんだ」と苦々《にがにが》しげに言いました。追手風《おいてかぜ》部屋の親方はジョージア出身の黒海について「話をよく聞いて理解するし、基本をおろそかにせず熱心に稽古する」と話してくれました。黒海は来日した当初は日本語を話せませんでした。

つまり親方の説明は、言語的な理解だけを指していたわけではなかったのです。
そうであれば、黒海は日本語をわからずして、どういう基本を理解していたというのでしょう。ある部屋の親方の嘆きがこれについての説明で最もふさわしいと言えます。

「最近は入門してきた日本人の弟子に教えなくてはいけないのは相撲でも礼儀でもないんですよ。まず朝起きたら歯を磨き、顔を洗うことだったりします。家庭でそういう習慣が身に付いていないんです」

この話から推測されるのは、外国人力士は自分の身体の快適な状態を保つためのケアを普通に行っており、また力の発揮の仕方について感覚的に把握しています。つまり自分に向ける眼差しが日本人力士より定まっているということです。**自分の身体の輪郭をしっかり捉えられる**。ここが日本人力士との基礎の厚みの差になっているのだと思いました。「ブタが相撲とっているようなもんだ」と重鎮の親方が吐き出すように言ったのは、「大きくなりさえすればいい」と身の丈を超えて太ってしまった結果、いったい自分が適切に快活に動けるかどうかすらもわからなくなっている様を指してのことでしょう。

人としての強度

さて、自信を取り返すためには身体性が必要だと述べました。自分の身体の輪郭を把握できているかどうか。要は「自分は自分でしかない」と言葉で認識する以前の感覚的な把握です。これが他者の声や顔色を過度に気にすることなく、自分で方途を定めて生きていく上での自信の源になるのだと思います。そこで次に触れたいのが朝青龍です。抜群の強さを誇りながら、戦績よりも「素行の悪さ」が取り上げられがちだった横綱です。

マスメディアを通じて形作られた彼のイメージは「礼儀や常識を知らない」「暴言を吐く」「喧嘩っ早い」といったものだと思います。私が彼に取材して思ったのは、現代において荒ぶる神の神性を帯びることのできる稀有な人物だということです。言うなれば彼はスサノオです。

怒ったと思えば哄笑《こうしょう》する。乱暴な振る舞いで付き人が泣いた途端、「どうした？何が悲しいんだ？」と驚いた表情を見せて、まるで自分のしでかしたことに葛藤がない。山の天気のように移り気で、それもスサノオらしいと言えます。

そのときにそう感じたからそうする。しかも、その感情の変化に対応する言葉の数が少ないから迷いがない。反省しない。それが彼の強さにもつながっていたように思います。稽古において朝青龍の取り組みはやはり異彩を放っており、しかも人を惹きつける華がありました。

朝青龍は「悪」を体現できる人でした。これは悪人ではなく、「悪源太義平」とか「悪党」で用いられる意味合いです。人として強度があるということです。

強度は何によってもたらされるのでしょう。私たちは何かを知るとか信念を持つとか、自分の外の概念に身を委ねることで強くなろうとします。けれども彼はどうやら自分を何かの基準に照らし、比較して行動することにあまり関心を払っていないようでした。

しかし、その言動からバッシングされ、一時は抑うつ状態になったと報じられるに従い、彼の動きから精彩が失われていきました。これは非常に象徴的な出来事です。

自分がただ自分でいることを禁じられ、「それはおかしい」と言われ、教え込まれると病んだり弱くなって、本人も気づかないうちに自信を失ってしまう。

付き人の涙を見て驚いたことからわかる通り、朝青龍は共感をベースにしたコミュニケーションに馴染みがないように見えました。バッシングは、いわば彼に日本の常識への共感と理解を求めるものでしたが、朝青龍にはそれが窮屈に感じられたのではないでしょうか。

「品格にもとる」といった非難の声に対し、ひところ彼はジブリの作品を見て品位を学ぼうとしたそうです。批判する側は「これを体得すれば品格があるとみなす」と明確な基準を示したわけではありません。ですが正解かどうかを判断する立場にいます。精神性というよくわからないものを取り沙汰され、しかもその学習にアニメを選ぶあたりが滑稽でいて物悲しくも感じるのは、ここに同調圧力で才能を潰しにかかる最たるものを見るからです。

空気を読む作法からわかる通り、**この社会は「わかりあう」ことへの期待が異様に高い**と言えます。根底には「わかって欲しい」という渇望があるのですが、それは自信のなさに由来していることに気づけないでいるようです。私の抱く不安への共感を示して欲しい。そのためのやり取りを空気を読むと呼んでいる場合が多いのではないでしょうか。

いまの暮らしの中では、自分の存在を精神や概念、意識して行えるコミュニケーションといった、ぼんやりとしたものによって「私らしさ」を代弁させようとします。それは世の中に流通し、常識として扱われているコンセプトに合わせたものであって、自分由来のものではありません。世間の常識に沿って捉えると、身体性の発揮は朝青龍がそうであったように迷惑やワガママと言われかねないものでしょう。それでは私が私であることの自信を持ちようもありません。

常識というコンセプトが持つ狂気

常識で考えると非常識な考えや行動が「迷惑」や「ワガママ」をもたらしていると思えます。しかしながら、これまでに述べたように、私たちの寄り掛かる常識が承認や自己肯定への飢えといった「隠された意図」、みんなへの配慮をもとに作られているのだとしたら、まともに受けあってばかりはいられません。

仮にこう考えてみます。「非常識だから迷惑でワガママなことをする」のではなく、むしろ常識が人の行動の細かいところまで口を挟んで「迷惑とワガママ」のレッテル貼りをやたらとしているのではないか。

たとえば公園で遊ぶ子供の声を「うるさい」「近所迷惑だ」と捉える感性の持ち主がいます。私にはスズメがピーチクパーチクとさえずるように聞こえて微笑ましく感じるのですが、そうではない人もいます。そういう感覚の違いを「人それぞれだから」で済ますのではなく、もう一歩進めて考えてみると、幼な子の身体から溢れる喜びが声になってしまう躍動そのものを「騒音」という概念で括り、デシベルだとか数値で表して、「客観的に考えてうるさい。正当性はこちらにある」といった具合に対応を迫るやり方がまともな判断だとしたら、疑うべきは**常識という名で語られている了見の狭さ**ではないでしょうか。

常識を攻撃に用いるとき、私たちは確実に何かがすり減る感覚を味わいます。「常識で考えたらわかるでしょう?」という尖った言葉はそれ以上、言葉を継いでいく気力を失わせるからです。出来合いの常識の範囲で考えるのではなく、それらの概念を広げるほうに舵《かじ》を切れば、互いにどうすればい心地よい生活ができるかという前向きな話もできるかもしれません。

それに忘れるわけにはいかないのは、**常識は日常からの逸脱を抑制する穏やかさであると同時に、穏当さに釘付けにする狂気でもあり、常に二重性を孕《はら》んでいる**ことです。みんなの依拠する常識に同調することをひたすら良しとする考えは変化の拒否につながり、新たな出来事への挑戦を断念するように働きかけます。

たとえば沈みつつある船に乗り合わせているのに「沈没するとは限らないのだし、むしろ船から出たら何が起きるか予測がつかない」「みんなの不安を煽るような非常識な言動は慎むべきだ」という考えに同調しないとして、それが「ワガママ」だと非難されるのであれば、そのときの「みんな」はおそらく正気を保ってはいないでしょう。

もしも人生が社会というすでに確定した枠組みの中で、それが提供する常識に従って生きることだと思えば、世を渡っていく上での社会性は体得できるかもしれません。けれども、やがて私が私であることの喜びや活力は失われていくでしょう。そこでは既知はあってもワクワクするような未知の体験は見当たらないからです。だからと言って社会の外にこそ自由があるのだと言いたいわけでもありません。あれかこれかの話ではないのです。

常識が何を迷惑とし、ワガママとするかの線引きを行っています。常識をずらせばことさら他人の言動を罰しようとする気持ちは減るかもしれません。これがなかなか難しいのは、その人が生きてきた年数をかけて丹念に育てた考えを捨てるのは容易ではないからです。誰かに「これまでの考え方を改めるべきだ」と言われたら、その指摘が当たっていたとしても、どこかで自分を否定された気持ちになるのではないでしょうか。

まして、それなりに物分かりがいいほうだという自負があるにもかかわらず、人から「それは常識として古い」と言われたら、ショックだし、その先を素直に聞くのは難しくなります。そうなると、いくら「頭を柔らかくしないと時代についていけませんよ」と忠告してもあまり効果は期待できないでしょう。なぜなら持ち前の考えを手放さないことで得られる利点がその人にはあるからです。たとえ、それが他人からは不合理に見えたとしてもです。

沈みゆく船に居続けるといった選択は、新たな可能性に賭けようとする人にとってはあまり賢明な判断には見えないでしょう。けれども船に留まる人にとっては、この先に待ち受けるのが死だとしても「みんなと一緒にいられる」安堵感のほうが大事なのです。束の間であっても安息が得られるからです。死の恐怖よりも「みんな」という群れから外れるほうが恐るべきことなのです。

生き死にがかかるような極端な例ではなくとも、似たような考えに基づいた判断を私たちも日常の暮らしで少なからず行っているはずです。

会社で**失敗の見込みが高いとみんな内心ではわかっている計画なのに、「やめましょう」の一言が言えない。言えば波風が立つ。人から嫌われる。**それなら知らないふりをしていれば、いつか誰かがなんとかしてくれるかもしれないし、なんとかならなくてもみんなと一緒にグズグズの状況を共有できるという一体感は得られます。危機を脱するよりも、そこにみんなといることで安心感が得られる。これはこれで合理的です。

しかしながらそこで得られる安心感は安心とは関わりがありません。心安んじられる状態があるとしたら、不安を抱える同士が互いの顔を見合わせて「大丈夫だよね」と確認し合うことではないでしょう。やはり私が私であることの喜びや活力に溢れた最中に現れるものではないでしょうか。

迷惑やワガママ
といった言葉で誰かを非難し
たがるのは、他人の行為が問題な
のではなく、それが自分の不安
や自信のなさを突いてくるか
ら?

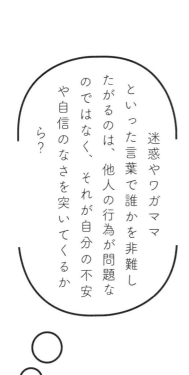

8

他者の視線をめぐるモヤモヤ

「好きな人に告白することは迷惑だ」

私が主宰したインタビューの技法に関するワークショップを終えた後、参加者のみなさんとカフェでコーヒーを飲んでいたときのことです。経緯は失念しましたが、斜め向かいに座っていた大学院生の男性が他の参加者に尋ねられ、「これまで誰とも付き合った経験がない」と答えていました。打ち解けた雰囲気の中でそれなりの親密さがもたらした展開でそうした話題になったのでしょう。隣にいた女性が「付き合いたいとは思わないの？」と尋ねました。すると彼はこう答えました。

「好きな人がいても告白するのは相手に迷惑かなと思うんですよ」

え？　と驚き、口元に運んだカップを一旦テーブルに置いたものの、すぐさま「なるほどそうか。わからないでもないな」という得心が訪れました。発言を聞いた私と同世代の女性は、彼の言動に覇気のなさを見て取ったのでしょう。憤慨に近いような納得しかねる表情を浮かべていました。

彼女の面持ちを見て、ふと学生の頃のサークルでの雑談を思い出しました。後輩が好きになった人にはすでに意中の人がいて、どうしたものか悩んでいる。そんな話を打ち明けた際に先輩がこう言ったのです。

「ゴールキーパーがいるからといって、サッカーの試合でシュートを打つのをためらうのか？」

当時は雑誌が若者の情報源としてまだ力を持っており、男性誌で毎度飽きずに組まれていた特集は恋人を獲得するための手練手管で、アグレッシブさが男性性の発露として当然のように考えられていました。その雰囲気を知る世代からすれば、大学院生の彼の態度はあまりに消極的だと感じられるでしょう。けれども彼にサッカーにたとえての助言を紹介したら「いかにもバブル世代の言いそうなことだな」で片付けられることかもしれません。

私が驚いたのは、迷惑という語がよもや自身の内側に湧く恋情に与えられるとは想像していなかったからです。でも同時にうなずけたのは、共感や空気の察知がこれほど求められているのです。相手の気持ちに踏み込むのは迷惑になりかねないと思ってもおかしくないからです。

さらに彼は「親しい友達だからこそ本当のことは言わない」とも明かしました。その場にいた人の中には大学院生の彼と年が近く同じ大学に在籍していた女性がいました。私が「あのような考え方をする人はわりと一般的なんでしょうか？」と尋ねたところ、彼女はこう返しました。

「私の近くでは見かけませんね。でも、ああいう考えの人が一定数いるのは知っています。今日のようなワークショップでもなければ話す機会はありませんけど」

その口ぶりから窺えたのは、先ほど「情けないな」と言いたげな憤りに近いような面持ちを見せた女性とはまた違って、迷惑かどうかだけを大事にして視線が内向きになっている、そうしたナイーブさへのいささか冷めた態度です。能動性に欠ける同世代の男性へのうっすらとした諦観が根底にあるように感じられました。ただ接点は持たないけれど、積極的に否定するわけでもないのは、そうならざるをえない、空気を読みあう関係性を彼女もまた共有しているからかもしれません。

ちなみに、その日を境にいろんな世代に彼の発言を紹介し、反応を見てみました。三十代後半より上の世代は概ね「本当の気持ちや思いを伝えることなく、うわべのやり取りで済ましては誰とも深く関われない。要は自分が傷つくことを恐れているだけだ」と断じたがる傾向がありました。

そうした感想を聞いて思ったのは、「要は～だ」と結論付けるのは、自分の理解できる範囲でわかっているだけで、彼のような感じ方を紐解くことには関心が向いていないということでした。それでは俎上《そじょう》に載せた「深い関わり」が彼とは結べないでしょう。それに「そんなうわべの関係でいいのか？」と言ったところで、彼にしてみれば「よくわからない説教をされた」としか感じられないかもしれません。

世代が違えば感性が異なるのは当然です。二十六歳の彼は初めての二十六歳を生きています。年長者はかつて二十六歳だった経験を持っています。上の世代がするべきはその経験を用いて、彼を裁くのではなく理解のために橋を架けることでしょう。少なくともそれが若い人よりも長く生きたものの務めだと思います。

いかに疲弊せずに合理的に選ぶか

話をカフェでの会話に戻しますと、私はジャッジするよりも彼の感性のありようが知りたいと思い、再び会話に加わり、こう尋ねました。

「もしも君が誰かに『好きだ』と言われたら、それを迷惑に感じるの？」

彼は「人によります」と答えました。

「だとしたら、君が誰かに好意を伝えても迷惑に感じるかどうかはその人次第。『迷惑だ』という判断は一方的かもしれないね」

「そうかもしれません」

続けてこう質問しました。

「好きなものや欲しいものに対してはどうなんだろう。たとえば服はどうやって決めているの？」

「ネットを見てサイズと価格で決めています」

それを聞いた周囲が一斉に突っ込みます。

「着たい服とか好きなブランドとかないわけ？」

「それを言い出したらお金がかかって切りがないですから」と彼は答えました。

次いで「食べ物はどうやって選んでいるの?」と質問すれば、「出されたものを食べます」と答えたのは、実家暮らしだからでしょうか。

さらに続けて「今日は肉が食べたいなぁとかそういう気分が湧くことは?」

「いや、あんまり欲求がないんですよね」


話の表だけを撫でると欲望が薄く、堅実で高望みをしないように感じられます。そういう側面はあるかもしれません。けれども私が彼の言動に感じたのは、**客観性に依ってものごとを理解する早さ**でした。好意を伝えることや服の選び方、食事に対する考えがなぜ客観性につながるかと言えば、自分を取り巻く状況を情報として捉えると、いかに疲弊せずに合理的に選ぶかは外せない基準ですし、そうなれば主観はさておいて最適解は何か? と考えてもおかしくないからです。膨大な情報の中で溺れることなく生きるために知らず培った能力かもしれません。

実際、ワークショップの合間の質問なり会話から感じたのは、彼はとてもスマートでものごとの仕組みや状況に対する把握が早いということでした。ひとりをもって世代を表せないのはもちろんですが、似たような発想の持ち主は「一定数いる」という証言もありますし、また恋愛に迷惑という語を挟むことに拒否感を覚える上の世代が多いことから推察すると、「好きだと告げることが迷惑」という言い様は、これまでとは異なる他者との関係の結び方を予感させます。ひょっとしたら今後はスタンダードになりかねない感性のありようが含まれているかもしれません。

経済成長期に育った昭和世代は、恋愛に限らず仕事にしてもやる気と根性で障害を突破して目標を実現するといった精神論を重視する傾向にあると、私は感じています。明日は今日よりも豊かになれる。がんばりと意志の力でなんとかなるという主体的な発想は裏を返せば、ただ思い込みだけがあるとも言えます。その観点からすれば、俯瞰して眺めた上で全体像を把握し、その上で最善の手段をとるという発想はクール過ぎると感じるでしょう。

一方、彼のような客観性の理解からすれば、欲望に従ってローンで身の丈に合わない服を買うのは、この先に手に入れられる収入とそのための労働と引き合わない取引でしかない。まして買いたいものや食べたいものに引きずられた世代がもたらしたのが、現状の経済格差と沈滞した社会という体《てい》たらくです。全体の構図が見て取れたら主観的な嗜好というのはさほど価値の置けないものだと思っても不思議はありません。覇気がない。欲望が薄い。そんな人が多数派になっては社会はさらに消沈すると憂う人もいると思います。けれども、彼からすると、そもそもこの世はすでに荒野なのかもしれません。何か欲望をもって臨むに値しない光景として彼の目に映っている可能性は高いでしょう。

客観は主観なくして存在しない

カフェの閉店時間が迫ったので話は中途のまま解散となったのですが、その日から私は迷惑と客観について考えるようになりました。再び同じような価値観の持ち主と出会った際に話ができるための準備をしておきたかったからです。

彼にしても自分にとっては自然な感覚かもしれないけれど、だからと言って問題がないとは思っていないのかもしれません。そうでなければインタビューという他者との関わり方についてのワークショップに来ないでしょう。

「迷惑かもしれない」と想像することで誰かを傷つけずにいられたとしても、絶えず他人とつながるチャンスを失っているとしたら、言葉がどこにも届かず空振りする感覚を味わい続けていることになります。**感性の違う者同士がいかに話し合えるか。互いの観えていないところを手がかりにしたとき、歩み寄りは生まれる**ものです。

そのためにまず客観の語源から調べてみることにしました。ギリシア語では「向こう側に置かれたもの」、ラテン語では「それ自体で存在する」という意味で、それらをルーツとしつつ現代では「当事者ではなく、第三者の立場から観察し考えること」として理解されています。

「第三者」とは、距離を置いてものごとを観られる立場です。ものごとを他人事にする傍観者になるのではありません。**客観とは「対象と自分との関係を捉えてものごとを考える」ことであり、主観なくして存立しない**ものです。

どういうわけか客観的や客観性と聞くと「私の中にはないが、他人にとってありえたかもしれない視点」といった、主観抜きの、この世に足場のない幽霊の視点をとることだと勘違いされがちです。しかも客観的だから正しいという考えも幅を利かせています。

生きていくというのは常に主観的な行為です。どれだけ情報や知識を蓄えても、私が客観になるわけではありません。まして人生は正答を得るための過程ではありませんし、生きるという行為は「私にとってそれは何か？」という極めて個人的な問いかけの連続です。

私と他人は異なる存在です。その違いに対し「知りたい、近づきたい」という思いが発生し、距離を縮めようとします。ところが距離感はそれぞれ違います。そこに客観性が生じるとしたら、やはり「相手と自分との関係」を対象化して捉えるところでしょう。その場に応じたやり方があるだけで、客観的で正しい関係性の持ち方が前もってあるわけではありません。そうなると余計に不安に感じて「内心では自分を好ましく思っていないのにアプローチしているのなら、相手にとって迷惑なことをしている可能性は高いじゃないか」と思う人もいるでしょう。

しかし、自分が相手に受け入れられる余地が少ないかもしれないだけで、それをすかさず「迷惑」で括るのは早計ではないでしょうか。相手もまだ自分のことを十分知らないのですし、その段階で客観性のある関係性の築き方を求めるとしたら、実りのある仲を確実にもたらす法則を手に入れたいということになるでしょうか。だとしたら、それは自分にばかり目を向けているだけで相手についてまるで考慮していない、極めてエゴイスティックな考えに基づいていることになります。そうなると「迷惑かもしれない」という配慮は、他者への気遣いでも繊細さでもなく、客観性の名の下に相手をコントロールしたいという欲望の表れだとは言えないでしょうか。

迷惑とは本来は仏教由来の言葉で、「**自身が迷い戸惑う**」を意味します。他人に迷惑をかけることを恐れた結果、迷い戸惑う状態に陥っているとしたら、そこから脱け出るには何が必要なのでしょう。

自分を叱咤する「幻聴」

人と深く関われないことに悩んでいるとしたら、「自分を変えるにはどうすればいいか」とまずは考えるでしょうし、場合によっては人に相談もするでしょう。そして「これまでのような消極的な態度を改めなくてはいけない。もっと自分を出してみよう」と決めて自分なりに考えた「良かれと思うこと」を実行するでしょう。結果はさておいて、「こうすれば変わる」と考えて試みた努力は、思った通りの好ましい結果をもたらすものでしょうか。

仮に努力が実を結ばなかったとします。そこで「自分にはこのやり方は合わなかった。くよくよせずに次に行ってみよう」であれば、取り立てて言うことはありません。ですが、「本気でやらないから変わらないのだ」とたしなめるというよりは、ちょっと居丈高《いたけだか》な口ぶりで諭したがる、内省する自分が出現することはないでしょうか。そうしたときに聞こえる声は「良心」と呼ばれがちで、わりと自分に対して否定的な言葉を投げかけてきます。ここでは「良心」と早急に名付けてしまう前に、それとのやり取りに注目したいのです。というのも、良心と言ってしまうと聞き入れないほうが悪いと思ってしまうからです。予見なしに、叱咤する声音をよく聞いてみます。そこに潜んでいる上から目線の言葉に対し、内心言いたいことがあったのだけれど、それを口にするのはなんだか言い訳めいて感じられてしまったことはありませんか。なぜ思っていることを口にすることが憚《はばか》られるのでしょう。

教室で部活で職場で「なんで結果が出ないんだ」と誰かに問われて、できなかっただけの正当な事情を口にしたら「言い訳するな」と頭ごなしに怒られた。そんな経験はないでしょうか。身に覚えがそれなりにあるとすれば、自分の考えを言うのは「口答えになる」といつしか学習してしまったのかもしれません。案外、私たちが「良心」

と思っているものは、「言い訳をするな」と言われてきた経験がもたらした「幻聴」ではないでしょうか。

言葉を返すこと自体を禁じられることで私たちは無力さを学んでいき、無言の内に期待に沿うような努力をすることが良いのだと思うようになります。どうせ何を言っても聞いてくれない。そんな経験が積み重なれば、いずれ「意志が弱い自分がいけないんだ」と反省するルートを自分の中に作り出してもおかしくありません。そんな委縮した状態でも、やりたいかどうかはともかく、評価にかなうようにがんばりを見せれば「やればできるじゃないか」と褒められることもあるから不思議です。

「こうすればうまくいくはず」への違和感

ここでほんの少し感覚に対して解像度を上げて欲しいのです。努力した結果「変化したんじゃないかな」と思えるようなことが起きたとすれば嬉しくなるのは当たり前です。と同時に「そういう自分をわざとらしく感じる」といった、どうも胸の辺りがモヤモヤしたり、お尻がモゾモゾするような、落ち着かなくなる感覚は生じていなかったでしょうか。どこかで「自分らしくないことをやっている」と、ちょっと引っかかる感じもないわけではない。消し去ろうとすればできるくらいの感覚だけれど、そこにフォーカスしたら、きっと胡散臭さを嗅いでしまうに違いないといった代物です。ここで言う「自分らしくない」というのは、初めてのことを試みて不慣れのあまりギクシャクすることではありません。「自分がそれをやりたいのか」「本当にいいと思ってやっているのか」と考えるのを傍に置いて、周囲の視線をすごく気にして行動して、挙句ぎこちなくなっている状態です。

変わったはずなのにうっすらと違和感があるとしたら、「口答えをしない」自分はそのままで、本当に言いたいことは口にしていないからではないでしょうか。相変わらず昔のままの自分が自分の中に居座る姿を見ると「何も変わっていない」と自己嫌悪に陥ってしまってもおかしくありません。人に評価されても「また同じことの繰り返しだ」と悔いる自分がいる。そういう自分をどこかに追いやりたくなります。「良かれと思うこと」に向けて努力した結果、「自分は変わった」と思った人もそうでなかった人にも注目して欲しいのは、こうした心の動きと体感です。それらが明らかにしているのは、「ある概念を実行すればきっと結果がもたらされるはず」と信じられている一連のメカニズムへの違和感です。

何か行えば結果が生じる。思いや考えを実行すればそれなりの結果が起きるのは、因果律からすれば当然です。ですが、私たちは「結果がもたらされるはず」の「はず」につい目がいってしまいます。そうなるはずだと思ったところで、起きた結果があらかじめ望んだ成功とは限りません。期待通りの出来事が起きないときに、「努力が足りない」とか「方法が間違っている」と私たちは自身に言い聞かせることになるのです。

けれども、そもそも思いや考えがそっくり3Dプリンタのようにそのまま現実化するものでしょうか。その捉え方が誤っているかもしれない、ということにはなかなか考察が及びません。

概念は言語で作られています。言語はこうしてみなさんが読んでいる字面からわかる通り、直線的で平面的な二次元の出来事です。比べて私たちが生きている現実の世界は直線でも平面でもなく多面的な立体です。ですから、世界についてどれだけ巧みに言おうとも二次元の言葉に変換する限りは、実際よりも低次元にならざるをえないのです。言語は常に現実を取りこぼし、色あせた形でしか表せません。そうなると概念の実行で現実化を果たすという発想はどうなるでしょう。

「理想の体型になろう」と訴える美容や健康関連のCMをよく目にすると思います。「こうすれば理想が手に入れられます」といった文句で謳われる「理想の体型」も概念ですから、それを目指す行為は断片的な現実にしか行き着きません。「そんなことはない。思っていた通りにきれいになった」と思う人もいるでしょう。

でも、それはあくまで結果から見てのことであって、実際は「予想よりもきれいになった」か「想像していたほどの効果はなかった」かのどちらかです。もしも「思っていた通り」のことが起きたとしたら、生命現象に反することになります。なぜなら理想は言語の中にしか存在しないので、その像は固定的です。しかし、時は流れ、身体は変わり続けているので、「思っていた通り」の出来事の訪れは変化の否定を意味します。「永遠の美」が実現しないのは、概念だからです。

「こうすればうまくいくはず」といった「はず」に注力する発想は、知らないうちに自分にとって利益があると思う情報を集め、その総量が現実と等しいといった、結論ありきの非常に都合のいい考え方と言えます。それは見たいものを見ることであり、決して認識の外の世界とは出会えません。

先ほど「幻聴」と言いましたが、内心に響く聞き慣れた声は自分ではなく、社会を生きる上で否応なく受け入れてしまった他人の考えでしかない場合も多いのではないでしょうか。それに従うことは知覚できる範囲で自身の行為を定めようとすることになります。であれば、必ず迷い戸惑うほかないのかもしれません。というのも見たいものを見る限り、その限界を頭は認識していなくとも、私たちの身体は不安として感じているからです。本当の変化は「良かれと思うこと」や「こうすればうまくいくはず」という言葉を唱えることによっては訪れないとすれば？　そこで注目したいのは、言葉ではなく身体です。

身体から問い始める

家庭や学校、職場における教育で、私たちは概念に対して受け身の身体性を当たり前にしています。「受け身の身体性」がピンとこないとしたら、これはどうでしょう。「正しい知識がないと行動できないし、してはいけない。そういう行儀の良さをもう学校にいるわけでもないのに普段の暮らしの中で知らず実践しているし、それを基準に自分や他人を評価している」。心当たりはないでしょうか。

私たちは「こうしたほうが良い」「これが正しい」とさんざん言われてきましたし、自分にも言い聞かせてきました。十分なくらい「良い」「正しい」を知っています。それらを実行しても、しっくり来なかったり窮屈な感じがあるとしたら、きちんと実行できないことが原因ではなく、考えがそもそも身体に合っていないのかもしれません。そのことが不全感と拘束感と不自由さをもたらしているのではないでしょうか。

私たちはもう偉い人や立派な人の教えを一方的に与えられる役割から降りて、自立して学ぶ時期に差しかかっているのではないでしょうか。では、理想や正しさといった概念に照らして自分の行動を修正するのではないとしたら、何が手がかりになるでしょう。私はそれが身体だと思います。

人に好きと伝えるのが迷惑だ。まだアクションを起こしてもいないことに「迷惑ではないか」と考えてしまう自意識ではなく、「迷惑ではないか」という構えをとってしまう身体性とは何かと問うてみます。自意識を問題にすると再び誰かの教えを守ったり、他人の視線に基づいて自分を正そうとするでしょう。

しかし、身体性に目を向けると、相手の機嫌を窺うような臆する気持ちの表れはどう観察されるでしょう。胸を張り力がみなぎりといった堂々とした構えではないはずです。腰が引けて相手の様子を盗み見る姿勢ではないでしょうか。

そして観察とは自らの態度を善悪でジャッジするのではなく、そのときの感覚が「どういうものなのか」と味わって、すっかり体験するところにあります。判断する前に存分に体験してみなくてはわからないことを、私たちは途中で放ってきたのではないでしょうか。

自己本位に立ち返る

私たちが安全に生きていくために採用した方法は、社会の価値に合わせることでした。それを良しとするようになったのは、自分の感じていることが正当に扱われず、また感じていることと社会の価値との違いを肯定されなかった数多くの体験があったからです。そうして、もっとも守るべきコンセプトとして習い覚えたのが「迷惑とワガママ」だったのです。

世間の空気、他人の視線に少しずつ削られた感性を「みんなから逸脱しないことが正しい」といった、社会の提供する信念で埋めあわせていく。それは諦めであり同時に成長でもありました。そうしたプロセスを通じて知ったのは、感じていることを率直にただ表現することは「迷惑」「ワガママ」と価値付けされるということでした。本当はそのように判断されて却下される前に、あなたの率直な表現に対して肯定や否定や様々な反応がありえたはずです。全面肯定でもなく全面否定でもなく、他人とのせめぎあいの中で生まれる新たな独自の価値観があるのだから、それらを含めて「あなたなのだ」という包括的な捉え方をされてしかるべきでした。

しかし、この社会では信念のもたらすリアクションによって直ちにジャッジされがちです。「出る杭は打たれる」というような体験をする人があまりに多いので、先述したように本当なら指差しで前を示すのと同様に、「あなたはそうなのですね」で済ませばいい他人の言動に対して、いちいち怒りを込めて迷惑とワガママのジャッジを下すのでしょう。これは個人的に育ててきた信念の投影を他人に向けて行っていると言えないでしょうか。「個人的に育ててきた」とは言っても、周囲の顔色を見てのことであった以上、ひとつも個的ではないと言えます。自分にとって何が大事でゆるがせにできないのか？　と自分本位で考えたわけではなさそうです。

自分が手にしている信念を疑うには勇気が必要です。他人と異なる行いをしては抵抗と摩擦が起きる。この社会では集合意識みたいな思い込みが空気としてあるのを私たちは知っています。

けれども自分が何もしないことが「みんな」になびくことをいっそう強化するとしたら？　何もしないこと、変わろうとしないことで失われる希望と変えることの恐怖の先に見える可能性のどちらに自身を賭けたいでしょうか。

本当は私たちは何を大切にしたいのでしょう。「自分はこういう人間だ」と信じるようになった中で見失ったものは何なのでしょうか。内省によって記憶を探っても、まず発見されるのは過去において否応なく取引してしまった「かわいそうな私」です。かわいそうだったことを認めるのは一時的にはいいでしょう。けれども、そこに留まり続けては自己憐憫というストーリーを繰り返すことになるしかありません。これまでの自分を改めようと決意しても、また同じ地点に戻ってしまうような虚しい感覚や不全感を味わうのは、自己憐憫の筋書きで自身を見てしまうからです。意識的に自分を捉えては同じ景色しか見ることができません。

あと何回同じことを繰り返せば私たちは満足するのでしょう。変わらない自分に嫌悪を感じつつ離れられないのだとしたら、嫌がりながらもそれを欲しているサイクルに私たちは同意していることになります。では、どうすればいいのでしょう。

意識は過去に囚われ、これまでのことを後悔しても決して取り戻せない。一歩も前へ進まない。焦りは募り、変わりたいという思いは空転する。絶望感でいっぱいになります。ですが、身体はそうはなっていません。毎日を新たに生きたがっています。いや増す絶望感をよそに、身体は生に向けて歩みを続けています。それを身体の意志というならば、そこに着目することがこの先に向かう希望になりえるのではないかと思います。

自己本位に立ち返ったとき、これまでの生き方を窮屈に感じるようになり、手にした信念がもたらす物語が呪いに満ちているように思えます。誰があなたにそれを信じさせたのか。どうしてそれをあなたは受け入れたのか。それらはこれまでの道のりで身に付けた考えである以上、身体の問題です。実際、他人の信じる正しさを見聞きして葛藤を感じる際、モヤモヤやイライラ、ジリジリなど身体の反応が起きるはずです。

この身体の浮かべる苦悶《くもん》の表情を無視して識者の言葉や心の問題を扱う本を読んで解決しようとすれば、違う自分になるのを期待しても同じことの繰り返しになると思います。言葉という二次元で感覚という立体を捉えれば、使い慣れた自身の文法に沿ってしか解釈できないからです。

自信は持つものというよりは信じるという根拠のない感覚です。感覚は言葉に比べると確認するにも手応えが薄く、摑みどころがありません。だから言葉に頼りたくはなるのですが、本当に変わることを望むならばモヤモヤやイライラ、ジリジリと感じているこの身体は何を訴えかけているのか、言葉で解釈する前に十分に感じてみるほかないし、それが自分本位の体験の始まりであり、自信の一歩になるのだと思います。

自分が無視してきた体感にフォーカスしていくと、長年かけて育てた感性が実は社会に合わせていたことや、わかって欲しかったけれど理解されなかった経験があったのだと気づきます。果たされなかった過去の思いが噴出してくるでしょう。どうして自分だけがこんな思いをしないといけないのか、といった調子で他人への嫉妬や羨望も出てくるかもしれません。

そんな醜い自分は見たくないと直視を避ける前にほんの少し注意したいのは、この嫉妬や羨望は本当に自分由来なのか？　ということです。本当に心から羨望してのことか。それともみんなが「羨ましい」と言うことに煽られて嫉視しているのか。ひょっとしたら自分でも気づかないほどの微細な他人からの影響を受けての心模様かもしれません。他から及ぼされて生じた重みが嫉《そね》みをもたらしているのだとしても、その時期の自分には必要だったと認め、その感情を味わい尽くすしかないでしょう。

妬《ねた》み嫉みの重苦しい感情を味わうのは苦しいことです。けれども、その道を辿らないとわからないこともあるのかもしれません。嫉みに潜む不安や嫌悪、恐怖を紐解いていくと気づくのは、それらの感覚は自分を他者評価に明け渡し、侵されたことに対するリアクションかもしれないということです。みんなと同じが良いことだ。そうでないのは迷惑でワガママだ。その価値観を取り入れることで生まれた嫉妬ならば、採用前の自分は何を感じていたのでしょう。感じることはわかりやすい理解に至らないため、とても弱く頼りなく思えます。ところが弱さを認めることが結果として強さに結びつく。それをあまり人は信じられません。

迷い惑う感覚を味わってみる

私は長らく識者を相手にインタビューの仕事をしてきましたが、近年はインタビューセッションといって、一般からの希望者にインタビューを行う仕事を始めています。いろんな方の話を聞いて思うのは、弱さやダメなところがあるから問題なのではなく、それらを認められない、認めるわけにはいかないというその人の切実さがつまずきになっている、ということです。

インタビューなので悩み相談やカウンセリングのようにアドバイスや解決は目指しません。**ただ、話を聞き、いくつか尋ねるだけ**です。その過程で起きる現象の興味深いところは、話し手が弱さ、ダメさを認めた途端、強くなる。あるいはそれに向けた意欲が湧くことです。その強さは「明日から前向きにがんばる」とか「成長するように取り組みます」といったわかりやすいものではありません。とりあえずいま息ができる、歩ける、生きている。とても単純ながら、ともかく現状の自分を認める。そのこと自体の力の発現とでもいうような強さです。

弱くてダメなところを病に例えるなら、そんな自分を克服して健康な身体を目指したいと思うものです。病と健康を対置させるのではなく、病んでいることを病み切るのが、その人の活力を生み出す道になるのではないかと思うのです。それには弱さ脆さを感じることが外せません。

なぜ弱さ脆さを観ると強くなるのでしょうか。世間ではストロングポイントを活かすといって、自分の強みに焦点を合わすことを喧伝《けんでん》していますが、すでに強いところをさらに強化すれば待ち受けるのは自滅です。「さらに」というのは自分らしさを失うことにしかならないからです。

翻って弱くて脆いところを感じておくと、自分の中の隙が埋まってきます。ここで言う強み、弱みは感覚的なものですが、たとえば知識や経験といった持ち合わせている強みに寄りかかれば、新しいことに対応できなくなります。知っていることに寄りかかると後手に回ってしまう。寄りかかれない、弱く脆く感じるところははっきりした像を結びません。ですが、脆弱さが本人も知らなかったその人の姿を照らし出すのではないかと思うのです。

見知ったわかりやすい自己像に自身が共感を示しても、そこには可能性はありません。わからなさを知ろうとすることがわかるということであり、共感に投資することが自己の理解の道のりではないはずです。

惑うこと疼きを感じること。痛みや弱さを感じること。多くの人が感じないようにしているのは、みんなが信じる正しさや克服といった価値観に背《そむ》かないためです。無意識のうちにそのやり方に多くが依存しているのだとしたら、自分自身を理解する道を進もうとすれば、必ずやマイノリティになります。心細いかもしれません。しかしながらこの世界に溢れている言葉は「誰かのようになるための文法」で成り立っています。その中でもパワーワードになっているのが迷惑とワガママです。誰かと同じような言葉を語り続けることで一生を終えたいでしょうか。それらを手放さないと新たな言葉は手に入れられないでしょう。

後生大事に抱えた言葉の群のせいで、現に私たちは空の手を誰かに差し伸べることにも、差し伸べられた手を握ることにも恐れを抱くようになっています。

今生という旅程で何を大事にしたいのか。最後はどこでどういう自分でいたいのか。解決を他人に望むのでなければ、自分が何者であるかについての観察をするほかないでしょう。この紛れもなく「私が感じている」ということは誰も侵せないものです。何を感じているかといえば、私が生きているという取り替えのきかない事実です。

迷惑を気にするのであれば、迷い惑う感覚を味わってみる。ワガママと指弾され、この社会に適応していないと非難されたとしても、適応していないのはただ適応していないだけで、そこに善いも悪いもない。社会性がないから真っ当ではないという表現は直ちにあなたが常識外れなことをしており、それが反社会的な行為のように扱うでしょう。逸脱は反社会ではなく、非社会的行為なのだと視点をずらしてみます。現状の社会への反対ではなく、単に現状の社会の中には見当たらないという意味になります。ないから作る。そこに自己本位でしかありえない道がきっと見えてくるでしょう。

逸脱は反社会ではなく、非社会的な行為なのだと視点をずらしてみると、自分の道がきっと見えてくる。

おわりに

食事をする際に箸の使い方を気にしないように、母語は身に付いた言葉であるがゆえに私たちには「日本語を話している」という自覚が生じにくいと言えます。無自覚にしゃべっても互いの話が通じてしまう。それがかえって問題を引き起こすのは、なまじ日本語がしゃべれるだけに「きっとわかってくれるはず」と自分の期待に寄せて解釈してしまうからです。

日本語を話すことが覚束《おぼつか》ない人を相手にするのであれば、「この言い回しでわかってくれるかな」と意を尽くして話そうとするでしょうし、相手の話をちゃんと理解しようと身を乗り出しもするでしょう。こうした姿勢は相手と自分との間に距離があるという自覚がもたらします。距離感を保つことは違う文化背景を持つ相手への敬意にもつながります。そうであれば日本語を滑らかに話せる人を相手にしても、この態度は保てないものでしょうか。

自分の経験からは見たことのない振る舞いを目の当たりにした。そこに異なる文化やその人独自の考えを見て取ることができれば、すぐさま「迷惑」「おかしい」「まともではない」「ワガママ」と片付けずに済みます。

私たちがこれまで馴染んできた「空気」に基づいてものごとを理解し、人との関係を取り結ぶやり方は、みんなの意見や考えに共感し、同調する場合においてあなたを尊重する、というものでした。

ですが、本当は同じ言葉をしゃべっていても、私やあなたはそれぞれが独自の生き方をしてきました。それに基づいて話をするのですから、それぞれが特有の文法に基づいてしゃべっているはずです。

迷惑とワガママを判断の基準にすると見えなくなるのは、私たちが持っている独自の文法の価値です。誰かと同じようにしゃべらなくてもいい。ただそれだけのことが自分を表現することになり、抱えた恐怖と呪いから解放されて生きることになるのではないでしょうか。

時代はますます混迷を深めるでしょう。覚束ない足取りでもそれでも地を踏みしめ、必要なときには互いが手を携えて生きることができたら。そうした思いで本書を書きました。
最後にミシマ社の新居未希さん、野﨑敬乃さん、三島邦弘さんに心から感謝を申し上げます。

二〇一九年十二月

尹雄大

＊

本書は、「みんなのミシマガジン」（mishimaga.com）に『迷惑とワガママ』の呪いを解く方法」（二〇一八年四月〜二〇一九年十一月）と題して連載されたものを再構成し、加筆・修正を加えたものです。

尹 雄大（ゆん・うんで）
1970年神戸市生まれ。インタビュアー&ライター。政財界人やアスリート、アーティストなど約1000人に取材し、その経験と様々な武術を稽古した体験をもとに身体論を展開している。主な著書に『やわらかな言葉と体のレッスン』（春秋社）、『体の知性を取り戻す』（講談社現代新書）、『増補新版 FLOW 韓氏意拳の哲学』（晶文社）、『脇道にそれる──〈正しさ〉を手放すということ』（春秋社）など。

モヤモヤの正体
──迷惑とワガママの呪いを解く

2020年1月29日
初版第1刷発行
2020年7月26日
初版第3刷発行

著者　**尹 雄大**

発行者　**三島邦弘**
発行所　**（株）ミシマ社**
郵便番号　152-0035
東京都目黒区自由が丘2-6-13
電話　03-3724-5616
FAX　03-3724-5618
e-mail　hatena@mishimasha.com
URL　http://www.mishimasha.com/
振替　00160-1-372976

装丁・レイアウト
矢萩多聞

印刷・製本
（株）シナノ

組版
（有）エヴリ・シンク

ISBN 978-4-909394-31-6

好評既刊

ほんのちょっと当事者

青山ゆみこ

「大文字の困りごと」を「自分事」として考えてみた。
ローン地獄、児童虐待、性暴力、障害者差別、看取り、親との葛藤……
「ここまで曝すか！」と連載時より大反響の明るい（？）社会派エッセイ。

ISBN：978-4-909394-29-3
1600円（価格税別）

脱・筋トレ思考

平尾 剛

ハイパフォーマンスを生む「しなやかさ」

筋トレ思考（＝勝利至上主義、過度な競争主義…）は、心身の感覚をバラバラにする!? 元ラグビー日本代表の著者が、自身の実感と科学的知見をもとに「学び・スポーツ」の未来を拓く、救いの書。

ISBN：978-4-909394-25-5
1800円（価格税別）

うしろめたさの人類学

松村圭一郎

第72回毎日出版文化賞〈特別賞〉受賞!!

市場、国家、社会…断絶した世界が、「つながり」を取り戻す。

その可能性を、「構築人類学」という新たな学問手法で追求。強固な制度のなかにスキマをつくる力は、「うしろめたさ」にある！「批判」ではなく「再構築」をすることで、新たな時代の可能性が生まれる。

ISBN：978-4-903908-98-4
1700円（価格税別）

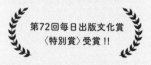